快乐激素

Habits of a Happy Brain

Retrain Your Brain to Boost
Your Serotonin, Dopamine,
Oxytocin, & Endorphin Levels

重启你的多巴胺、内啡肽、催产素和血清素系统

[美] 洛蕾塔·格拉齐亚诺·布罗伊宁 著
Loretta Graziano Breuning

祝蕾 译

Loretta Graziano Breuning. Habits of a Happy Brain: Retrain Your Brain to Boost Your Serotonin, Dopamine, Oxytocin, & Endorphin Levels.

Copyright © 2016 by Loretta Graziano Breuning.

Simplified Chinese Translation Copyright © 2025 by China Machine Press. This edition is authorized for sale in the Chinese mainland (excluding Hong Kong SAR, Macao SAR and Taiwan).

No part of this book may be reproduced or transmitted in any form or by any means, electronic or mechanical, including photocopying, recording or any information storage and retrieval system, without permission, in writing, from the publisher.

All rights reserved.

本书中文简体字版由 Loretta Graziano Breuning 授权机械工业出版社在中国大陆地区（不包括香港、澳门特别行政区及台湾地区）独家出版发行。未经出版者书面许可，不得以任何方式抄袭、复制或节录本书中的任何部分。

北京市版权局著作权合同登记　图字：01-2024-2555 号。

图书在版编目（CIP）数据

快乐激素：重启你的多巴胺、内啡肽、催产素和血清素系统 /（美）洛蕾塔·格拉齐亚诺·布罗伊宁（Loretta Graziano Breuning）著；祝蕾译 . -- 北京：机械工业出版社，2025. 8. -- ISBN 978-7-111-78671-9

Ⅰ. B84-49

中国国家版本馆 CIP 数据核字第 2025XS3953 号

机械工业出版社（北京市百万庄大街 22 号　邮政编码 100037）
策划编辑：向睿洋　　　　　　　　　责任编辑：向睿洋
责任校对：赵玉鑫　李可意　景　飞　责任印制：张　博
北京铭成印刷有限公司印刷
2025 年 8 月第 1 版第 1 次印刷
147mm×210mm・8 印张・1 插页・158 千字
标准书号：ISBN 978-7-111-78671-9
定价：59.00 元

电话服务　　　　　　　　　　网络服务
客服电话：010-88361066　　　机　工　官　网：www.cmpbook.com
　　　　　010-88379833　　　机　工　官　博：weibo.com/cmp1952
　　　　　010-68326294　　　金　　书　　网：www.golden-book.com
封底无防伪标均为盗版　　　　机工教育服务网：www.cmpedu.com

前言

当你心情愉悦时,你的大脑正在释放多巴胺、血清素、催产素或内啡肽这些化学物质。你会渴望更多这样美妙的感觉,毕竟你的大脑天生就会去追寻这些愉悦感。然而,你并非总能得偿所愿,这也是自然规律。我们的大脑只有在发现能满足生存需求(如获得食物、安全感或社会支持)的途径时,才会释放快乐激素。随后,你只会短暂地体验到这种愉悦感的迸发,大脑便又恢复到平常状态,好为迎接下一个"生存机会"做准备。这便是为什么你的情绪会有起伏波动,这是自然的运行机制!

许多人都养成了对生存不利的习惯。可如果大脑会奖励有利于生存的行为,怎么还会出现这样的情况呢?当快乐激素的一次短暂释放结束后,你会感到某种缺失。你会急切地想找个靠谱的方法，让自己迅速重获愉悦感。任何曾经奏效的方法，都会在你的大脑中形成一条神经通路。我们都有这样的"快乐习惯"：从吃零食到健身，从消费到储蓄，从聚会狂欢到享受独处，从与人争吵到和解修复。但这些习惯都无法让你一直保持快乐，因为大脑并非如此设计。每一次释放的快乐激素都会很快被代谢掉，你必须付出更多努力才能获得更多满足感。你可能会过度沉溺于一种快乐习惯，最终反倒陷入不快乐。

倘若你能以全新的方式激活你的快乐激素，那岂不是很棒？做真正对自己有益的事情，同时还能获得愉悦感，岂不美哉？当你理解哺乳动物脑的运行机制时，这一切都将成为可能。你将洞悉在自然界中是什么触发了快乐激素，以及你的大脑如何用新习惯取代旧习惯。你可以设计全新的快乐习惯，并将其融入你的神经网络中。这本书将助力你在45天内达成这一目标。

建立新的神经通路并不需要花费太多时间或金钱；你所需要的是勇气和专注——你必须重复一种新行为达45天之久，即使初期感受不到愉悦。

为何培养新习惯会让人感觉不适？你的旧习惯就如同大脑中铺设完善的高速公路，而新行为只是你神经元丛林中的狭窄小道，启用时阻力重重。未知的小道会触发危险和疲惫感，所以我们本能地想要退回熟悉的老路。但是，只要具备勇气和决心，你终将建造出一条崭新的高速公路，到了第46

天，你会感觉无比美妙，甚至想要再开辟下一条新路。

注意：本书聚焦于你自己的大脑机制，而非他人的思维模式。如果你习惯于将自身的神经化学波动归咎于他人，那你无法在这本书里得到支持。不过，你也无须将那些波动全部归咎于自己，你可以与自身的神经化学机制和谐共处，而非一味苛责它。这本书将为你展示具体的方法。

我们将深入探究那些让我们产生快乐和不快乐感觉的脑内化学物质，观察它们在动物行为中的作用及其进化意义。接着，我们将剖析大脑是如何形成习惯的，以及为何坏习惯如此难以戒除。最后，我们将开启一个为期45天的重塑计划，学习如何选择一种新行为，以及如何找到所需的勇气和专注，来持之以恒地重复该行为。本书包含了大量练习和互动模块，帮助你稳步前行。最终成果一定会让你欣喜——遇见更快乐、更健康的自己！

目录

前言

第1章 你内在的快乐本能 /1

我们专注于生存的大脑 /1
化学物质如何使我们感到快乐 /3
快乐激素如何发挥作用 /4
不同的大脑如何应对神经冲动 /6
你的经历如何塑造神经通路 /10
追求快乐的恶性循环 /14
不要向大脑索取它给不了你的东西 /19
关于爱 /20

第 2 章　认识你的快乐激素　/ 26

你是独一无二的……但仍是普通人　/ 26
认识你的多巴胺　/ 27
认识你的内啡肽　/ 34
认识你的催产素　/ 37
认识你的血清素　/ 45

第 3 章　为什么你的大脑会制造不快乐　/ 55

不快乐激素是天然的安全警报　/ 55
皮质醇如何发挥作用　/ 56
皮质醇与痛苦前兆有关　/ 57
关于痛苦的记忆是有意义的　/ 59
社会性痛苦与哺乳动物脑　/ 64
什么是镜像神经元　/ 65
群体与个体　/ 67
为什么大脑将得到关注等同于生存　/ 69
对地位的无限渴望　/ 74
大脑皮层在检索威胁中的作用　/ 80
接受不快乐的价值　/ 85

第 4 章　过分追求快乐的恶性循环　/ 88

从快乐滑向失落　/ 88
多巴胺的消退　/ 90

内啡肽的消退　/ 98
催产素的消退　/ 102
血清素的消退　/ 110
快乐习惯帮助你应对失落　/ 117
习惯的副作用　/ 119
如何建立一个良性循环　/ 120

第 5 章　你的大脑如何建立神经连接　/ 123

重塑你的神经连接　/ 123
大脑建立连接的五种方式　/ 124
寻找你的自由意志　/ 133
小经历如何创造大回路　/ 135
是什么触发了快乐激素的开关　/ 139
快乐激素在社会学习中的作用　/ 145
重塑你的神经通路　/ 148

第 6 章　为每种快乐激素养成新习惯　/ 153

具体建议，助你起步　/ 153
激发多巴胺的新习惯　/ 154
激发内啡肽的新习惯　/ 159
建立新的催产素回路　/ 165
建立新的血清素回路　/ 170
养成习惯的挑战　/ 178

先专注于一条路径　/ 181

第 7 章　你的行动计划　/ 182

制订适合你的计划　/ 182
如何克服不可避免的内部冲突　/ 183
选择的重担　/ 188

第 8 章　克服通往快乐的阻碍　/ 191

为何执着于不快乐　/ 191
原因 1："我不能降低标准"　/ 191
原因 2："我不应该如此费力"　/ 194
原因 3："关注自己的快乐是自私的"　/ 197
原因 4："我想为最坏的情况做好准备"　/ 201
原因 5："我做不到"　/ 203
原因 6："在这样一个有缺陷的社会里，谁还能快乐"　/ 204
原因 7："当……的时候我就会快乐"　/ 209
选择快乐　/ 212

第 9 章　依靠那些你一直都有的工具　/ 213

大脑的回路训练　/ 213
模仿　/ 213
平衡　/ 214

嫁接　/ 216

精力　/ 217

传承　/ 218

乐趣　/ 219

分块　/ 220

满意即可　/ 221

提前规划　/ 222

形象化　/ 222

迎接美好　/ 224

期望与一盒巧克力　/ 226

推荐阅读　/ 230

第 1 章

你内在的快乐本能

我们专注于生存的大脑

你的大脑遗传自历代生存成功的祖先。这看似不言而喻，但仔细想想人类祖先经历的严峻生存挑战，你会发现，你体内的基因能延续至今简直堪称奇迹。你继承了一个专注于生存的大脑。你可能并不觉得自己专注于生存，但当你担心开会迟到或者吃错东西时，正是生存脑在积极运转。当你因未受邀参加聚会或理不顺发型而忧心时，你的生存脑就察觉到了社会排斥的风险，对你的祖先来说，这是一个非常现实的威胁。在摆脱了饥饿、寒冷和天敌等直接的威胁后，大脑还会持续扫描其他潜在的威胁。让自己生存下来并不容易！

在你的意识中，你知道糟糕的发型并不会威胁到你的生存，但只有对社交机会敏感的大脑结构才能通过基因复制得以延续。自然选择造就了这样的大脑：当你看到基因传承机会时它释放愉悦感作为奖赏，当你失去这样的机会时它触发焦虑感作为警报。一次小小的社交挫折就足以触发你本能的警报系统，即使你并无主动传播基因的意图。

这些反应源于大脑的生存本能，但并非先天就有。我们不像大部分动物那样天生就会觅食或躲避天敌。我们生来就会的是根据生活经验塑造自己的大脑回路。从出生的那一刻起，我们就开始构建神经连接。任何带来愉悦感的事物都会为你建立触发快乐激素的神经信号传递通道，并告诉你："这对我有好处。"而任何引发不适的事物建立起来的通道，都在告诉你："这对我没好处。"你的核心神经回路在七岁时就已经基本成形。七岁看似还小，但对自然界生物而言，七年已是极其漫长的脆弱成长期。七岁的小孩子还不了解自己未来的生存需求，正因如此，我们早期建立的核心神经化学回路并不总是与我们后来的实际生存需求相匹配。

简而言之，你的大脑存在两大特性：

（1）它关心你的基因存续，就像关心肉体生存一样迫切。
（2）它的神经回路构建基于早期经验，尽管这些经验并不能完美地指导你成年后的生存。

这正是为什么我们的神经化学波动常让人捉摸不透。

化学物质如何使我们感到快乐

我们称之为"快乐"的感受源自大脑中四种特殊的化学物质——多巴胺、内啡肽、催产素和血清素。当你的大脑看到有利于生存的事物时，就会释放这些"快乐激素"。接着它们就会被代谢掉，不过等你再次遇到好东西时，大脑又会释放一波，它们就会再次被激活。

每种快乐激素会引发不同的正向体验：

- 多巴胺会让人产生需求得到满足的喜悦感——"找到了！"的快感。
- 内啡肽能带来遮蔽痛苦的迷醉感——常被称为欣快感。
- 催产素能给人一种与他人在一起的安全感——人与人之间的联结感。
- 血清素会带来被他人尊重的感觉——优越感。

你可能会说："我感受到的快乐并没有这么复杂。"那是因为神经化学物质是默默发挥作用的，你可能意识不到自身感到快乐的诱因。但你可以很容易地在别人身上看到这些诱因。研究也已在动物身上揭示了这些快乐激素的推动力。你可能觉得言语化的内心独白就是你全部的思维过程,但当你理解了哺乳动物脑的化学机制后,你会意识到并非如此。

> **四种快乐激素**
> - 多巴胺:需求得以满足的喜悦感
> - 内啡肽:遮蔽痛苦的迷醉感
> - 催产素:社会联结带来的安全感
> - 血清素:群体地位带来的优越感

快乐激素如何发挥作用

快乐激素是由所有哺乳动物共有的脑区控制释放的,这些脑区统称为边缘系统,包括海马、杏仁核、垂体、下丘脑和其他部分。人类的边缘系统被巨大的大脑皮层所包围。边缘系统和大脑皮层一直通力协作,共同守护个体生存和基因延续。它们各司其职:

- 大脑皮层会为当前的活动寻找与过去经验相匹配的激活模式。

- 边缘系统会释放神经化学物质,告诉你的身体"这对你有好处,趋近它",或者"这对你不好,避开它"。不过,你的身体并不总是遵从这些信息行事,因为你的大脑皮层可以推翻这些信息。如果大脑皮层推翻了某个信息,它就会生成另一种选择,你的边缘系统也会对此做出反应。总之,你的大脑皮层可以暂时抑制你的边缘系统,但你的哺乳动物脑终究是你的核心——大脑皮层主导注意力分配与信息筛选,而你的边缘系统才能激发行动。

每种快乐激素都有自己的职责

当你做了有利于自己生存的事情时,你内在的哺乳动物脑会产生愉悦感作为奖励。每种快乐激素会激发不同类型的生存行为:

- 多巴胺会激励你去获取你要的东西,即使要付出很大的努力。
- 内啡肽能促使你暂时屏蔽痛苦,从而在受伤时逃离更大的伤害。
- 催产素会促使你信任他人,在群体联结中寻求庇护。
- 血清素会激励你赢得他人尊重,从而拓展繁衍机会并保护你的后代。

你的理性思维或许会编织出更复杂的动机叙事,但其实你内在的哺乳动物本能才能决定什么带来愉悦感。

> **四种快乐激素与生存动机的对应关系**
> - 多巴胺:寻求奖赏
> - 内啡肽:屏蔽身体疼痛
> - 催产素:建立社会联结
> - 血清素:获得他人尊重

哺乳动物脑会驱使身体趋向能激发快乐激素的事物,避开会激发不快乐激素的情境。你可以克制自己,让自己不按神经化学冲动行事,但随后你的大脑又会产生新的冲动——要么实现它最初的愿望,要么找到一种替代方案。你不是本能冲动的奴隶,但你也绝不会只根据纯粹的理性行事,即使你认为自己是在这样做。你总是在追寻愉悦感,权衡是否付诸行动,满足后又继续寻找下一个愉悦感的源泉。

◆

不同的大脑如何应对神经冲动

◆

动物接受神经化学冲动时无须任何言语解释,这恰好可以帮助我们理解自己大脑中化学物质的运作逻辑。研究动物并不是为了美化生物本能或原始冲动，而是为了揭示快乐激素的激活机制。

例如，当饥饿的狮子看到可捕获的猎物时，它会感到"快乐"。这不是哲学意义上的快乐，而是一种为捕猎释放能量的生理唤醒状态。狮子的狩猎经常会失败，因此它会谨慎地选择目标，以避免因能量耗尽而饿死。当狮子锁定确信能得手的羚羊时，它会非常兴奋。它的多巴胺激增，捕食的动能也迅速激活。

口渴的大象找到水后也会感到"快乐"。解渴的美好感觉会刺激多巴胺的释放，从而在大象的神经元间建立永久的连接。这有助于它今后再次找到水。它无须刻意"学习"找水技巧——多巴胺已悄然铺设好神经通路。下一次，当大象看到水源的迹象时，神经电流就会沿着这条通往快乐激素的神经通路飞驰而去，用愉悦感告诉它："这就是你需要的。"当它筋疲力尽、极度缺水时，触手可及的资源的迹象仍能激发前行的动力。无须刻意努力，快乐激素推动着促进生存的行动。

但是，快乐激素不会一直活跃。狮子只有在发现更多的猎物时才会产生更多的快乐激素，大象只有在看到满足需求的希望时才会释放快乐激素。在自然的状态下，大脑不会无缘无故地释放快乐激素——愉悦感的进化意义，在于驱动生物完成促进生存的行为。

比较不同动物的边缘系统和大脑皮层

动物做生存决策时很少用到大脑皮层。它们的边缘系统足以指引它们判断什么对自身有利：通过产生愉悦感，鼓励它们接近目标；通过产生不适感，催促它们赶紧避开。这个简单的系统维系了我们的动物祖先数百万年的生存，至今仍在我们体内发挥作用。

从下方的图表（见表1-1）中可以清晰地看出，我们大脑的基本架构维持着相对的稳定，然而其各个部件的尺寸却发生了巨大的变化。大自然在演化进程中，倾向于在既有的基础之上逐步构建与发展，而非在一片空白中从头开始。哺乳动物脑是在爬行动物脑的基础上逐步演进而来的，而人类脑则是在哺乳动物脑的框架之上进一步发展形成的。我们人类拥有庞大的备用神经元储备，这些神经元时刻准备着依据新的经验建立神经连接。与之形成鲜明对比的是，爬行动物所拥有的神经元储备极其稀少，这使它们很难适应新的经验和环境。不过，爬行动物脑在扫描周遭世界中的威胁与机遇方面，展现出了独特的能力。倘若你曾感觉自己仿佛存在两种思维模式，或者思绪飘向不同方向，那么这张图表能让你轻松理解背后的缘由。

表 1-1

比较大脑各部件	
大脑皮层	备用神经元，通过生长和相互连接来储存生活经验

（续）

比较大脑各部件		
边缘系统		调控神经化学物质的结构。包括杏仁核、下丘脑、海马等
爬行动物脑		小脑和脑干（延髓和脑桥），调控日常的躯体功能
人类		
黑猩猩		
瞪羚		
老鼠		
蜥蜴		

人脑的边缘系统和大脑皮层如何协同工作

发达的大脑皮层使人类有别于其他动物。你可以不断建立新的神经通路以优化满足需求的策略。但是，人类并非只靠大脑皮层生存——你仍需要边缘系统来判断什么对你的生存有利。如果没有边缘系统帮你生成判断好坏的情绪信号，你的大脑皮层所见的世界就只是一团混乱的原始经验。你可能误以为边缘系统是反派，而大脑皮层是正派角色，但其实，了解它们是如何互相扶持的才会对你更有帮助——你需要大脑皮层来解读边缘系统产生的愉悦与痛苦信号，但大脑皮层无法自主产生快乐激素。若想获得快乐，必须要通过边缘系统。

边缘系统无法处理语言。你的自言自语都是在大脑皮层中进行的。这就是为什么边缘系统从来不会用语言告诉你激活快乐或不快乐激素。因此，你可能会因为没有听到你对自己说的话（例如，"我要对他发怒"或"我害怕那样做"），而认为自己没有某种感受——但实际上那种情绪已然存在。

你的经历如何塑造神经通路

你的感受是独一无二的。你通过独特的人生经验形成的神经通路来激活快乐激素。这解释了为什么我们具备差不多的生理条件，却依然会在面对相同情境时做出不同的反应。

建立个性化的神经通路

过去的快乐时刻引导你的神经元以特定的方式连接起来，在下次遇到类似情境时，这些神经元就可以快速释放出更多的快乐激素。同样地，过去的不快乐时刻也将神经元以特定的方式连接起来，以便告诉你下次应该避免什么。

每段经历发生时，你的感官都会接收外界信息，并触发你大脑中的神经电信号。在你脑中传导的电流就像暴风雨中的水流——它会找到阻力最小的路径。你之前建立的神经通路为电流提供了一条流动方向，进而塑造了你对当下经历的反应模式。

神经化学物质如同沥青覆盖泥路般加固这些通路。重复刺激也有助于加固这些通路。当你通过神经化学物质反复激活你的某些神经通路后，这些神经通路就可能发展成"高速公路"。例如，一个孩子在帮父母修电脑时获得大量认可，他就会建立起一条神经通路——当他做更多帮别人修电脑的事情时，他会预期自己能得到更多愉悦感。于是，他不断重复这种行为，使这条通路成形。最终，数十亿条神经通路相互交织，使你能在海量感官输入中构建意义之网。

你的神经导航系统

迄今为止的人生中构建的神经通路，共同构成了你的神经导航系统。这个系统也许设计得没那么如你当下所愿，但它确实引导着你对每天遇到的情况做出反应。你内在的哺乳动物本能不会质疑它自己的反应，毕竟这些反应都是根据你的真实人生经验得出的。不过，你难以觉察到你的神经导航系统的存在，因为其建立过程并无意识参与。这也正是构建新通路的难点所在：你并不知道那些旧通路是如何形成的。

熟悉的神经通路好走，但这并不总是好事

你的神经通路让你很容易喜欢某些东西，而不喜欢另一些。你可能会发现自己喜欢的事物未必真正有益，而抗拒的那些反而助益良多。为什么为了生存而进化的大脑会建立起如此古怪的通路？

因为我们大脑的特性是储存经验，而不是删除经验。多数情况下，经验蕴含着重要的教训——它能帮助你趋向曾经帮助过你的事物，避开曾经伤害过你的事物。但是，过去的经验也会误导你。它们可能会引导你回避那些早已消逝的伤痛，或者过度地追求某种美好的事物。例如，你可能会因为很久以前一个小孩在数学课上嘲笑你而逃避数学，或者，因为很久以前父母在和你一起吃比萨时表现出的关爱而对比萨过度沉迷。

你的大脑皮层可以根据新的输入信息来调整旧通路：你可以攻克数学难题，也可以拒绝比萨。但你的旧通路非常高效——你倾向于依赖它们，因为世界上的信息让你应接不暇，而你的"高速公路"能让脑中信息的传递畅通无阻。

但这些"高速公路"并不总能带你去想去的地方。有时，

你希望感到愉悦，它们却会把你引向不快乐激素。如果你能在神经元丛林中开辟出新的道路，你就能获得更多快乐激素。这可能比你预想的要难，但如果你了解了自己的"装备"，事情就会变得容易起来。

如何开辟新通路

年少时，你很容易建立新的神经通路。成年后，建立新通路却像在茂密的雨林中披荆斩棘。每走一步都需要付出巨大的努力，而你辛辛苦苦开辟出来的新路如果不尽快得到使用，很快就会消失在灌木丛中。而且当原有神经网络已如高速公路般通达时，这些为了开辟新路而进行的开荒就总似徒劳无功。

你的神经元难以沿未激活过的路径传导电信号。对于一条通路而言，每激活一次，它之后传导信号就会更加流畅。神经通路正是在多次的激活中慢慢形成的，就像土路在多年使用后变得坚实。那么，如何才能建立新的通路呢？答案很简单：不断为大脑提供相关经验。唯有重复特定行为才能帮你建立想要的通路。没人能为你代劳，你也不能替别人做这些事。本书会帮你挑选能激发快乐激素的新体验，并帮你不断重复强化，直到它们使大脑迸发出能释放快乐激素的神经电流。要相信，你可以用真正有益无害的方式来收获持久的愉悦。

追求快乐的恶性循环

你或许希望永久远离所有的不快乐，但要知道，不快乐激素和快乐激素对你的生存同样重要。你的大脑需要不快乐激素来提醒你注意威胁和障碍，就像需要快乐激素来标记生存机遇一样。人类需要通过不断追求快乐激素和避免不快乐激素来生存，没有捷径可走。进化的方向并非寻找无须"追求"和"避免"的"捷径"。让我们来看看"捷径"会如何引发恶性循环。

大脑对愉悦的追寻

追寻愉悦是自然界的生存动力。为消除饥饿的不适感而觅食，为驱散寒冷的痛苦而寻求温暖。甚至在进食或取暖之前，快乐激素就已经在脑中传递，因为哺乳动物脑一旦发现有满足需求的方法，就会立即开始释放这些化学物质。而人类的脑在此基础上增添了大脑皮层赋予的长长的联想链。我们通过耕种来预防饥荒，通过储备燃料来抵御严寒。我们通过预判痛苦防患于未然。但是，无论你如何满足自己的需求，不快乐激素始终都会存在，因为只要你还活着，你的生存就永远都有可能受到威胁。

哺乳动物觅食时，要冒着被捕食的风险；寻找配偶时，要冒着社会冲突的风险；如果完全规避冲突，又会有基因灭绝的风险。哺乳动物脑从未停止扫描潜在的威胁。当你身边没有生理威胁时，你的大脑还会扫描社会威胁。哺乳动物之所以能够生存下来，就是因为皮质醇引发的不良感受会及时提醒你回避潜在的威胁。

皮质醇会引发疼痛和对疼痛的预期，促使你不惜一切代价终止这种糟糕的感觉。当进食中的羚羊闻到狮子的气味时，皮质醇会催促它放弃美食，赶紧奔逃。羚羊之所以能够生存下来，正是因为对它的大脑而言，闻到狮子的气味比饥饿更不妙。我们的祖先之所以能够生存下来，也是因为皮质醇及时帮他们察觉到一个又一个威胁。

你对皮质醇警报的反应

当体内的皮质醇激增时，你会去留意发生了什么，可能是低血糖、危险的气味或社会隔离。人生经验构建了无数神经回路，它们在皮质醇分泌时如霓虹灯般亮起。有时，应对方法显而易见，比如把手从滚烫的炉子上拿开。但很多时候，你不知道是什么触发了警报。你不知道如何消除警报，但感觉如果不立即"做点儿什么"，就会发生可怕的事情。

例如，假设你坐在办公桌前，对你的老板产生了一种不爽的感觉。你想摆脱这种不适感，因为皮质醇会一直搅得你很烦躁，除非你做些什么让它停下来。但你不知道是什么引起了这种感觉，也不知道如何才能缓解这种感觉。你知道的是，根据以往经验，甜甜圈能给你带来愉悦。自然界稀缺的脂肪和糖会激发快乐激素。进食时的愉悦感会暂时分散你对负面情绪的注意力，因此，在你吃甜甜圈的那一刻，威胁似乎消失了。在意识层面，你知道甜甜圈并没有解决你的问题，但快乐激素会自发铺成神经通路——下次当你对老板感到不满时，你就会想吃甜甜圈。若付诸行动，神经连接就会得到强化。你一直知道甜甜圈并不能解决你的问题，甚至可能让问题变得更糟，但顺应快乐激素的流动会让你在那一刻获得一种安全感。当你感到必须"做点儿什么"时，你的大脑会告诉你：吃甜甜圈就是此刻你要做的。

神经化学波动

如果能一劳永逸地解决所有问题，让皮质醇停止释放，那当然很好。但现实无法如此——失望本身也会触发皮质醇。当狮子失去它正在追逐的羚羊的踪迹时，它的大脑就会分泌皮质醇。当猴子无法敲开它想吃的坚果时，它的大脑也会分泌皮质醇。皮质醇会指引你在满足自身需求的道路上修正方向。当 A 计划行不通时，皮质醇会发出警报。

当 A 计划奏效时，唉，快乐激素也不会存在太久。要想获得更多，就必须做得更多。大脑就是这样不停地鞭策身体去做它需要做的事，以维系基因存续。快乐激素会被代谢，你也会重新拾起对生存威胁的意识与感知。当你未被快乐激素吸引时，必须"做点儿什么"的焦灼感便席卷而来。在你寻找缓解这种感受的方法时，能够轻易、快速地激发快乐激素的事物就会引诱你上钩。

"我所爱皆非法、悖德或令人发胖"，这句古谚或许有一定道理，因为一切能轻易、快速地激发快乐激素的事物都有副作用。从进化的角度看，愉悦感正是因其副作用才被自然选择保留：我们享受食物的美味，因为这种愉悦感会使人们想方设法摄取营养；我们享受性爱的美妙体验，因为这能激励人们想方设法寻偶繁衍。在资源匮乏的时候，食物和性爱带来的愉悦感是令人向往的。但我们进化的目的并不是每时每刻都从食物和性爱中获得快感——追求持续的快感会导致自我消耗的恶性循环。

常见的恶性循环

恶性循环无处不在：

- 它们可能会涉及酒精、食物、金钱、性和药物等外部刺激。

- 它们也可能只涉及内在的思维习惯，比如宣泄愤怒、寻求认可、逃避现实、追求刺激、拯救者情结。

这些行为中的每一种都能让你在痛苦时刻获得短暂的愉悦感。这让你产生了一种成功抵御威胁的美好感觉，于是你就会重复这种行为。随着时间的推移，一条神经高速公路逐渐成形，相应的行为似乎不费吹灰之力就能被激发。但副作用也会不断累积，并引发更多不快乐激素的释放。这时，你会更迫切地按照自己预期的有效方式触发快乐激素。但这就像开车时一只脚踩油门，另一只脚踩刹车——同样的行为会同时引发快乐和不快乐。（见表1-2）

表 1-2

	当快乐激素被激活时，愉悦感便产生了
	你的快乐激素触发机制取决于你过去建立的神经通路
	不快乐激素也总在被激活
	快乐激素会暂时转移你对不快乐激素的注意力
	愉悦感诱使你反复激活同一通路
	副作用随之产生并触发更多不快乐激素
	更多快乐通路才是答案。你将学到构建的方法

如何打破恶性循环

你可以在一瞬间停止恶性循环。只要克制住"做点儿什么"的冲动，与皮质醇共存。这绝非易事，因为皮质醇会如警铃般撕扯注意力。毕竟，它的进化可不是为了让你平静地坐着接受它。但是你可以培养在皮质醇发出警报期间什么都不做的能力，即使它苦苦恳求你采取行动来驱散不适。这份等待，为大脑激活替代方案创造可能，良性循环就从这一刻开启。

如果你准备好了替代回路，就更容易把握住时机。一开始，你的新回路可能会显得很别扭，缺乏你过去所依赖的"一切尽在掌握"的电流畅快感。抵制旧回路可能会使你觉得你在威胁自己的生存，但其实你所做的恰恰相反。

一旦形成新习惯，抵制旧习惯的痛苦就会减轻。你可以在45天内做到这一点，只要你能每天都重复一种新想法或新行为，一日不可间断。如果中途断档，就要从第一天重新开始。新的选择不会让你在第1天就感到快乐，可能在第40天仍不会让你感到快乐。即使到了第45天，它也无法持续地激发快乐激素。但它会带来足够的神经电流，助你摆脱恶性循环。

不要向大脑索取它给不了你的东西

作为拥有发达的大脑皮层的哺乳动物，人类其实并不容易。我们有足够的神经元去想象不存在的事物，而不是只关注存在的事物。这让我们有能力在危机降临前预想解决方案，我们得以生活得更好，但也会产生负面情绪。为了让自己感觉更好一点儿，我们会想象出一个"更美好的世界"，在这个世界里，快乐唾手可得，坏情绪则荡然无存。但就我们的大脑而言，这种期望并不现实。因为只有当你采取措施满足需求时,大脑才会释放快乐激素。如果你只关注想象世界中的短期愉悦感,而忽视你所生活的现实世界,那么你终将陷入恶性循环。

> **关注自己的神经通路**
>
> 我们很容易在他人身上看到恶性循环,所以我们常常想帮别人追求幸福。但你无法进入别人的大脑,为他们建立新的神经连接,别人也无法为你做到这一点。如果总把注意力放在别人的大脑上,你可能既无法让他们快乐,也无法让自己快乐。每个人都必须自行管理其边缘系统。

恶性循环并不是现代社会才有的,我们的祖先也有他们自己的恶性循环。例如,他们会用活人献祭来缓解群体恐慌,当恐惧再度袭来时,他们便献祭更多生命。相比于他们,我们已经找到更文明的获取愉悦感的方式,但副作用仍然困扰着我们——正因如此,我们不断寻求更优解。

关于爱

你可能听说过爱是幸福的关键,那就来了解一下快乐激素是如何产生爱这种感觉的吧。爱是快乐激素的强烈爆发,因为它与你基因的存续息息相关。当沉浸在爱中时,你可能并未思考基因传承,但你的基因正承袭自那些成功完成繁衍使命的祖先。激发繁殖行为的脑结构通过自我复制得以存续。性只是故事的一小部分,从争夺健康的配偶到培育健康的后代,都与生物学家所说的"繁殖成功率"有关。爱是所有这些行为的核心驱动力。

你可能很难将你的爱意与自然选择直接联系起来。在动物世界中,我们很容易发现大脑中的化学物质是如何影响交配行为的。哺乳动物脑高度聚焦于繁殖成功——一旦眼前的生存需求得到满足,哺乳动物就会转而顾及基因的存续。动物对配偶的选择挑剔得令人惊讶。例如,每个物种都会以各种方式避免近亲繁殖。无须刻意考虑,神经化学物质就会促使动物做出近亲繁殖之外的选择。促使动物近亲繁殖的脑结构逐渐消亡,而激励异系交配的脑回路则日益发达。

爱是大脑化学物质的鸡尾酒

每种快乐激素都在以不同的方式奖励爱的体验。爱带来的欢欣和哀愁,与多巴胺、催产素、血清素、内啡肽和皮质醇的释放有直接的关系。(性激素,如睾酮和雌激素,虽与爱的感受密切相关,但不在本书的讨论范围内,因为它们并不会触发快乐,而是会介导特定的生理反应。)

多巴胺

多巴胺由爱的"追逐感"激活。婴儿听到母亲的脚步声时，多巴胺会被激发，这是个体需求即将得到满足的神经信号。众所周知，雌性黑猩猩偏爱狩猎后分享肉食的雄性黑猩猩。雨林中蛋白质匮乏，雌性黑猩猩在妊娠和哺乳期间需要大量蛋白质，故而肉类是极为有效的多巴胺刺激物。对人类而言，找到"命中注定之人"会令人多巴胺分泌激增。无论你追寻的目标是什么，当你逐渐靠近它时，多巴胺都会让你兴奋起来。

催产素

触摸和信任会刺激催产素分泌。在动物界，触摸和信任是相伴而生的。猿类只允许信任的同伴触摸自己，因为它们从经验中知道，暴力可能在瞬间爆发。对人类而言，从牵手到感觉被支持都会激发催产素。牵手能激发少量的催产素，但如果像一对老夫老妻那样经年累月地重复，就会形成易触发信任的神经回路。哺乳动物的分娩过程会刺激母亲和孩子体内分泌大量的催产素，抚育别人的孩子也能激发催产素。友谊纽带不仅会促进催产素释放，还会提高繁殖成功率。有更多社会联盟的猴子和类人猿能让更多后代存活，青少年也更青睐社交资源丰沛的个体。催产素与爱关联如此紧密，因此常被称为"亲密激素"（the bonding hormone）或"拥抱化合物"（the cuddle chemical）。

血清素

血清素的分泌会受到爱情中地位因素的影响——与有一定地位的人缔结关系的优越感。你或许不喜欢以这种方式看待爱情，但观察他人时这一现象极为普遍。在群体中地位较高的动物，其繁殖成功率往往更高。自然选择塑造出这样的大脑：当你提升自身地位时，血清素会带来愉悦感。这或许令人难以置信，但对众多物种的研究表明，生物为追求社会地位投入了大量精力。社会优势地位意味着更多的交配机会和后代，且感觉良好。如今，尽管人们不再以繁衍尽可能多的后代为目标，但当你得到自己所珍视之人的青睐时，血清素依然会激增。

内啡肽

内啡肽的分泌主要由身体疼痛触发，但大笑和哭泣同样会微量触发它。情侣们常常一起欢笑，有趣的是，他们在这个过程中也刺激了彼此内啡肽的分泌。当然，相爱之人一起哭泣也会触发内啡肽。将爱与痛苦混淆是糟糕的生存策略，但确实有一些人会容忍让自己痛苦的伴侣关系，内啡肽通路或许可以解释这一现象。

皮质醇

皮质醇在繁殖成功中同样起着重要作用。失恋时它会让你感到难过，促使你将感情投注到其他对象身上，这有利于生存。如果你仍执着于一个无法得到的人，你的基因存续就会面临危机。皮质醇会帮助大脑重新建立连接，使你将旧情人与消极期望联系起来，从而促使你开始在别处寻觅爱情。我们都不希望失恋的感觉过于糟糕，但有趣的是，这种痛苦也有其宝贵的功能。

在动物身上，我们也不难发现痛苦是如何滋养爱的：

- 皮质醇促使哺乳动物妈妈寸步不离守护幼崽，并竭力觅食来维持乳汁供应。
- 皮质醇促使雄性哺乳动物避免可能战败的冲突，同时鼓励其冒险参与有望胜出的竞争。群体地位受威胁时，皮质醇会拉响警报，因为在自然界中，地位的丧失会威胁到个体的基因存续。

爱与生存

爱有时会让人痛苦，有一个普遍被忽视的微妙原因：我们诞生于全然无助中，依赖他人的爱才能存活。每个人大脑中的最初体验，就是需求无法自足的匮乏感。当他人满足你的需求时，愉悦感油然而生，你会开始期待这种感觉。然而，我们必须从孩子般的依赖走向成熟的独立，这可能会让大脑中期望被照顾的部分感受到生存威胁，进而促使人们去追寻成年人的爱，以延续自己的基因。但成熟爱情中的相互依赖，永远无法企及大脑初始回路对全然依赖的期待。

进化使得爱给人带来愉悦，因为在自然界中，个体的基因很难存续，生存率很低，交配机会远比想象的稀缺。若不付出巨大努力，个体的基因就会从地球上消失。当然，我知道你不会有意识地考虑自己的基因，其他动物也不会。但每个大脑都继承自那些为繁衍后代拼尽全力的个体，爱让这种努力带来美好的感觉。

自然界不存在"免费"的爱。所有物种在交配前都会进行初步的"资格审查"。生物会努力争取任何交配机会，愉悦感会奖励这种追求，而糟糕的感觉则会警告你，如果不积极行动，你的基因就会被淘汰。哪怕是向对方微笑没有得到回应这样微小的事情，都可能引发惊人的神经化学反应，因为大脑会将其与基因的存续前景联系起来。

现代人一生都渴望拥有浪漫的爱情，但过去人们的期望却有所不同。过去，有了性生活后孩子就会出生，如果你不一直喂养他们，他们就会哭闹。你忙得无暇顾及浪漫爱情。如果你活到中年，孙辈们会有更多需求。古人与我们共享相同的神经化学基础，但在没有节育措施的情况下，他们更关注眼前的生存。如今，人们探索出了许多激发快乐激素的方法，但仍需不断努力才能让这些方法奏效。因为每一次迸发的快乐激素都会在短时间内被代谢掉，所以人们总是在寻找获取更多快乐激素的途径。也许这就是情歌经久不衰的奥秘——它们能刺激大脑分泌快乐激素，且没有令人厌烦的副作用。

接下来，让我们更深入地认识这些快乐激素。

第 2 章

认识你的快乐激素

你是独一无二的……但仍是普通人

你的感受或许独一无二,但引发这些感受的化学物质与他人无异。

你的人生经历或许独一无二,但不同人的经历总有相似之处,因为相同的基本生存需求主导着人们的大脑。

你可能会说自己没那么关注"生存",也许你确实没有意识到这一点。当你自言自语或与人交谈时,可能世界和平、社会公正等崇高目标才会引起你的注意。但你体内的快乐激素一直在响应你大脑所认知的基本生存需求,你的大脑已学会判断什么对你的基本生存有利。

认识你的多巴胺

多巴胺通过告诉身体往何处投入精力来促进个体的生存。我们的祖先觅食时，起初会慢慢行走，直到有东西触发他们的兴奋点。多巴胺会告诉他们何时该冲刺。哺乳动物脑不断搜寻潜在的奖励，而多巴胺就是找到奖励的信号。这种感觉很好，促使你继续寻找和探索。

了解觅食对于理解大脑很重要。我们的祖先不知道下一顿饭在哪里，只能不断扫描周围环境，寻找看起来不错的食物，然后投入精力去获取。多巴胺是这一过程的核心。如今，你不再需要觅食，但当你审视周围世界，发现之前带来愉悦感的事物的迹象并去追寻时，多巴胺仍会让你感觉良好。你一直在判断什么值得努力，什么最好放弃。多巴胺通路会引导你做出这些判断。或许你希望一直体验多巴胺带来的美好感觉，但这并非好事。

何时会感受到多巴胺

马拉松运动员看到终点线时，多巴胺就会激增。足球运动员进球后激动庆祝时，多巴胺也会让他兴奋不已。大脑会告诉身体："我做到了！"这种感觉很美妙，让你想再次激发它。

当然，多巴胺的进化不是为了让人跨越跑道终点线或把球踢进球门，而是为了在有机会满足生存需求时释放能量。猿猴爬到水果前，当它接近水果时，多巴胺就会分泌，这促使它释放能量储备以获取食物满足需求。猿猴不会用言语表达"我做到了！"，但它体内的神经化学物质会创造这样的感觉。

猿猴一看到够得着的水果就开始分泌多巴胺，因为第一次品尝水果时，大脑建立了多巴胺通路。水果中的糖分触发了"这能满足你的需求！多吃点儿！"的信息，多巴胺的激增使当时活跃的神经元相连，形成通路。之后，看到类似事物时，多巴胺通路就会再次开启。

如何构建多巴胺通路

多巴胺通路是由过往经历建立起来的。假设孩子和母亲一起觅食，偶然发现一片诱人的浆果地，孩子看到母亲兴奋的神情，在吃浆果前，他的镜像神经元（能反映他人行为，第 3 章会进一步介绍）就使多巴胺活跃起来。第一次品尝时，自然界中罕见的味道引起他的注意，更多的多巴胺被激发，在当时活跃的神经元间铺就神经通路，有助于未来识别与浆果有关的影像、声音和气味。

无须刻意为之，多巴胺就能建立神经模板，帮助我们发现奖励，还能激发追求奖励所需的身体能量。我们并非生来就知道什么能满足需求，而是从生活经验中学到的。这就是为什么有人喜欢美食频道，有人则喜欢吃蟋蟀。你可以通过寻找工作机会而非浆果地来满足需求，但用的都是在语言产生前就已存在的满足生存需求的操作系统。

多巴胺的波动

你可能不会对浆果有"哇！"的感觉，因为如今甜味不再稀有。大脑会把能量留给生活中稀缺的奖励。我今年第一次看到樱桃时会很兴奋，但兴奋不会持续太久。看着樱桃不能让我一直开心，大脑会把多巴胺留给与当前需求相关的事物，而不是浪费在已有事物上。

社会性奖励不易获得，因为它不能像浆果和糖那样大量生产。寻求和发现社会性奖励会使多巴胺大量分泌。人们投入多年努力成为心脏外科医生或摇滚明星，因为在这条道路上的每一步都会触发多巴胺。当你通过寻求和发现奖励离目标更近一步时，大脑就会释放多巴胺。什么样的社会性奖励能激发你的多巴胺取决于你独特的生活经历。但我们都知道，多巴胺很快会被代谢掉，必须再次接近奖励才能获得更多。

多巴胺的相关研究

一项具有里程碑意义的猴子研究揭示了多巴胺作用的短暂性。研究人员训练猴子完成任务，用菠菜作为奖励。几天后，把奖励换成果汁，这比猴子预期的更好，它们的多巴胺激增。但当研究人员继续用果汁作为奖励时，奇怪的事情发生了。没过几天，猴子的多巴胺分泌降至零，它们的大脑不再对甘甜的果汁奖励做出反应，用人类的话来说，它们认为这是理所当然的。多巴胺的进化是为了储存有关奖励的新信息，没有新信息时，多巴胺就不被需要了。

这个实验有个戏剧性结尾。研究人员后来把奖励换回菠菜，猴子的反应却是暴怒，它们尖叫着把菠菜扔回给研究人员。猴子已学会期待果汁，虽然果汁不再让它们高兴，但失去果汁却让它们发狂。

与20世纪50年代的初始研究相比，这样的研究大大增进了我们对多巴胺的认识。你可能听说过这样一个故事：一只老鼠脑中被植入电极，它可以通过按压杠杆对脑中的"快乐中枢"施加电刺激。结果这只老鼠一天24小时不停地踩杠杆，即使看到食物、水或有吸引力的配偶也不停歇，直到死去。科学家推测是电极触发了快感。但为什么大脑会让老鼠宁愿选择以致死方式获取快乐，也不去吃喝或交配呢？现在我们知道，对奖励的期待会激发多巴胺。这只不幸的老鼠一直在期待杠杆带来的奖励，因为这比现实世界中的奖励能激发更多的多巴胺。

多巴胺与生存

微小的潜在奖励会引发多巴胺的微量增加，巨大的潜在奖励则会引发多巴胺激增。例如，在一些事故报道中，孩子被压在车底时，母亲甚至能抬起一辆汽车。从基因角度看，拯救孩子的生命就是最大的奖励。母亲冒着生命危险救孩子时，不会有意识地考虑基因，事后甚至会说不知道自己当时在做什么。可见，大脑多巴胺回路释放目标活动所需的能量无须语言中枢的参与。

不过，多巴胺与生存之间的联系并不总是显而易见的。例如，电脑游戏会刺激多巴胺释放，尽管它们不能满足实际需求。电脑游戏会给你积分奖励，而你的大脑已将这些积分与社会性奖励联系在一起。为了获得积分，你会启动为觅食而进化来的寻求和发现机制。当你不断接近奖励时，就会不断享受到脑中释放的多巴胺。如此，多巴胺铺就了一条通路，让你知道可以从电脑游戏中获得好心情。下一次当你感觉不好时，大脑就会知道，游戏可以缓解不良情绪。从哺乳动物脑的角度来看，电脑游戏确实缓解了不良情绪这一威胁，尽管它提供的"社会性奖励"实在虚无缥缈。

练习：你何时会感受到多巴胺

当你因期待奖励而兴奋时，多巴胺就在大量分泌。那一刻，就像饥饿的狮子看到落单的羚羊，口渴的大象看到水源的迹象。当你发现满足需求的办法时，多巴胺会帮助你释放储备的能量。即使静静坐着，多巴胺也会促使你留意大量信息，发现与需求相关的信息。找到正中下怀的信息就像找到恰好需要的拼图块，你会感觉很好,这是多巴胺的作用。

年少时触发多巴胺分泌的事物会铺就神经通路,决定多巴胺何时"开闸"。这些神经通路的运转无须语言的参与,可能令你难以理解。你需要仔细观察自己兴奋的模式才会有所发现。有时从他人身上更容易看到多巴胺分泌的模式(不过他们可能不会感激你的观察)。总之,花点儿时间留意一下你(或他人)发现自己正寻求的东西时的喜悦吧:

在工作中

_____

_____

在空闲时间

_____

_____

在他人身上

_____

_____

有意外的惊喜收获时

_____

_____

对"更多"的追求

对"更多"的追求并非始于现代社会。事实上，我们的祖先也从未停止过。他们填饱肚子后，就会寻找新方法满足需求，如制作更好的箭、建造更坚固的住所。我们知道他们曾努力寻找合适的材料，考古遗址中常发现来自远方的材料。多巴胺让人们从追求中获得快乐，但这种感觉很快就会消逝，人们只得不断追求更多。每个人的大脑都学会将努力和奖励联系起来，无论是物质奖励、社会性奖励，还是摆脱威胁这类奖励。

如果你正在复习准备数学考试，那你就在被多巴胺推动着。你的意识可能不会认为此时感觉愉悦，但生活中的某些事物将数学与某种奖励联系起来，可能是物质奖励、社会性奖励，也可能只是成就感。解决数学问题也是一种寻求和发现活动。当你找到正确答案时，会有"我做到了！"的感觉，这会暂时消除皮质醇带来的紧张感。当答案错误时，你可能会再试一次，因为你仍期望得到奖励。

运动员能坚持训练很长时间，因为每朝目标迈进一步，都会刺激释放一点儿多巴胺。赢得比赛或奖牌会激发大量的多巴胺，但这也只是朝目标迈进的其中几步。运动员的大脑将这些迈进与关乎生存的奖励联系起来，无论是物质奖励、社会性奖励还是内在奖励。

每个人脑中都有对关乎生存的奖励及获得奖励路线的预期。当你朝着预期的奖励前进时，多巴胺会带给你愉悦。

认识你的内啡肽

内啡肽带来的感觉常被描述为"欣快",但这种神经递质不是为美好时刻进化出来的。身体的疼痛才会触发它。你可能曾摔得很惨,爬起来后以为没事,回头才发现伤势很重。这就是内啡肽的力量。

内啡肽能在短时间内掩盖疼痛,让受伤的动物有机会到达安全地带,有利于生存。如果祖先在狩猎时摔断腿,或因饥饿、口渴而疲惫不堪,内啡肽的"忘我"作用会帮助他竭尽全力拯救自己。

"跑步者高潮"是一种众所周知的内啡肽体验。但你不可能每天都从跑步中获得快感。内啡肽只有在超越自身能力限度、达到痛苦地步时才会释放。这不一定是促进生存的好方法。内啡肽的进化不是为了鼓励自找痛苦,而是为了逃避痛苦。

也许你曾在野生动物纪录片中看到斑马从狮子口中挣扎出来,你会看到斑马皮肉被撕开,但仍能奔跑。内啡肽在一段时间内掩盖了疼痛,帮助斑马逃脱。如果斑马没能逃脱,最终落入狮子口中,至少也会在内啡肽营造的迷醉状态中死去。当你看到这种令人不安的镜头时,了解内啡肽会让你好受些。它提醒我们,内啡肽的存在不是为了让我们狂欢,而是为了让我们在生命的挣扎中获得片刻喘息。

疼痛也有价值

内啡肽带来的喘息是短暂的，因为疼痛具有生存价值。疼痛是身体发出的紧急信号，表明有问题出现。如果你总是忽视疼痛，就会去碰滚烫的炉子，用断腿走路。如果总是分泌大量内啡肽，就不能做出正确的生存选择。进化让我们注意到求救信号，而不是一味用遗忘来掩盖。

内啡肽刚被发现时，被称为内源性吗啡，因为它与阿片类药物非常相似，却是由人体自身内源性系统产生的。但更合适的说法是，吗啡是药物中的内啡肽。

我们的身体不会一直释放内啡肽。运动可以带来一点儿内啡肽，但运动到痛苦地步于生存无益。笑和哭会引发身体内部的抽搐，从而刺激内啡肽分泌，但这条通往欣快的道路也是有限的——假笑不会引发内部抽搐，真笑的作用也只能持续几秒钟；真正的哭泣是痛苦的，而假哭不会引发身体上的痛苦。

心碎不会像骨折那样触发内啡肽，内啡肽的进化不是为了掩盖社会性痛苦。过去，日常生活中身体承受的物理痛苦太多，社会性痛苦就显得不那么重要。如今，我们很少再承受体力劳动、捕食者袭击、觅食意外和疾病恶化带来的痛苦，有更多精力关注令人痛苦的社交失利。这让我们感到，生活中的痛苦虽然减少了，生活却更"疼"了。

练习：你何时会感受到内啡肽

内啡肽带来的是一种能掩盖身体疼痛的"忘我"感觉，能让受伤动物摆脱捕食者，逃出生天。活着是为了生存，不是为了获得快感。这种天然吗啡只会释放很短的时间，不会一直释放，因为疼痛实际上对你有好处：它告诉你不要去碰火或用断腿奔跑。运动是好的，但"跑步者高潮"只在运动到疼痛时才会发生。生物本能不是为了获得欣快感而寻求自虐，好在大笑、哭泣和适度运动都会刺激内啡肽的点滴分泌。身体不会一直保持欣快的状态，但当痛苦来临时，它有应对疼痛的能力。你可以在以下时刻留意内啡肽的作用：

你受伤了，但过了几分钟后才意识到

_____
_____

大量运动后感到愉悦

_____
_____

大笑之后感到愉悦

_____
_____

痛哭一场后感到愉悦

_____
_____

肾上腺素 ≠ 内啡肽

肾上腺素与内啡肽不同。跳伞和蹦极会引发"肾上腺素高潮":你的身体预期会产生大量疼痛,于是释放肾上腺素来应对紧急情况。追求刺激的人不是在寻求疼痛,而是在享受身体为避免疼痛而自动释放的大量能量。当看到地面急速冲向你时,即使你被稳固地系在绳子上或固定在过山车上,大脑仍会产生对疼痛的预期。毕竟,大脑是从充满真实威胁,而非自我施加、人为编造的威胁的世界中进化而来的。

肾上腺素不属于本书讨论的范围,因为它不会带来快乐。它带来的是一种身体唤醒的状态,就像身体被踩了油门。有的人学会享受这种感觉,但这并不意味着刺激对你有好处。它只是与你的生存息息相关,无论好坏,因此需要你投入精力。例如,假设你即将从瑞典国王手中接过诺贝尔奖,肾上腺素的迸发会告诉你这一刻非常重要,并为你提供驾驭它的能量。同样,如果跳伞时降落伞没有打开,肾上腺素也会告诉你这一刻很重要。肾上腺素会放大其他神经递质传达的积极或消极信息,让你做好立即行动的准备,但它不会告诉你应该前进还是逃跑。

认识你的催产素

你觉得可以依靠某人,这是催产素产生的感觉。你信任别人,或享受别人对你的信任,这也是催产素在起作用。此外,归属感或安全感也是催产素带来的。

催产素与信任

人际信任能促进生存，因此大脑用愉悦感来回报它。但信任所有人不利于生存，所以进化使大脑学会分析亲疏，而不是一直释放催产素。

喂马就是催产素作用的一个简单例子。当我拿着食物走向一匹马时，我们会互相打量。马害怕陌生人，但又想要食物。我也害怕把手伸进它巨大的牙槽里，但我又想享受彼此之间的信任。我俩都在寻找可以信任彼此的证据。当我们都确信对方不会构成威胁时，我们就会放松，产生愉悦感。这就是催产素分泌的过程。

马依靠信任马群中的伙伴而得以生存下来。马群是一个扩展的警报系统。所有马共同分担着警惕捕食者的重任。信任同伴的马在保证生存的同时得以稍稍放松。

哺乳动物常常群居生活，因为群体能带来安全。如果它们与同伴分开，催产素水平就会下降，它们就会感觉不舒服。群居动物在一个同伴都看不到时会陷入恐慌，直到重新与同伴团聚，它们体内的催产素才会激增，缓解皮质醇的作用。

催产素与繁殖

如果离开所属的族群能促进繁殖，哺乳动物就会冒险离开。年轻的哺乳动物在青春期会转头加入新的群体，以增加交配机会。（视物种而定，族群中的雄性或雌性会在青春期离开。）哺乳动物母亲会离开自己的族群去寻找走失的孩子，或者去分娩。与单纯的陪伴相比，繁殖行为会激发更多的催产素，促使哺乳动物离开族群以延续自身的基因。

哺乳动物分娩时，催产素会激增。这一变化除了能促进分娩和泌乳，还会促使母亲一直守护新生幼崽。新生幼崽大脑中的催产素也会激增，这样，幼小的哺乳动物即使并不了解离开母亲的危险，也会紧紧抱住母亲。分娩结束后，拥抱和舔舐会继续刺激催产素分泌。这有助于建立神经通路，促进日后类似情景中催产素的流动。依恋关系就是催产素神经通路的成果。随着时间的推移，依恋关系的对象会从母亲延伸到族群或部落。

触摸会触发催产素。灵长类动物经常用手指为同伴梳毛，以去除杂物，而催产素会让动作发出者和接受者都感觉良好。猴类和猿类投入大量时间为同伴梳毛，这似乎能帮助它们建立起社会联盟。研究人员发现，有更多社会联盟的猴类和猿类能获得更多的交配机会，并有更多的后代存活下来。当群体中发生冲突时，灵长类动物倾向于帮助与它们一起梳过毛的个体。社会联盟有时可能会让你陷入困境，但催产素会让你感觉良好。

相信群体与相信自己

只有你紧跟着族群，在族群奔跑时一同奔跑，族群才能保护你。如果你坚持要亲眼看到狮子才跑，你就不太可能活下来。自然选择造就了能够相信他者判断的大脑。但从众行为也有对人类而言非常明显的弊端。当其他起哄者跳下悬崖时，我们会担心自己也跳下去。我们会担心群体思维、帮派和相互依赖。有时我们会克服群体压力，独自行动。但由于我们对催产素的渴望，我们常常觉得自己孤单得就像狮群中的羔羊。

爬行动物对同类没有温情脉脉的感觉，它们独自保持警惕，而不是将此重担分给许多其他同类。蜥蜴从不信任同类，只有在交配和产卵时，才会释放出相当于催产素的化学物质。

爬行动物一出生就开始独立生活。小蜥蜴不会依赖父母的照顾，而是在孵化出壳的一瞬间就开始往外爬。如果它爬得不够快，父母就会把它吃掉——与其让捕食者吃掉它，不如把能量循环到下一个孩子身上。鱼类父母甚至不等鱼卵孵化，在卵受精的那一刻就游走了，去追求其他东西。植物让种子随风飘去，根本不管它能否长成参天大树。

与这些相反的是，哺乳动物会与孩子建立纽带，因为催产素受体会让哺乳动物对此感到愉悦。（鸟类也有一些父母关怀，它们体内也会分泌与催产素功能类似的物质。）亲子之间的依恋彻底改变了哺乳动物大脑的生物结构。哺乳动物有可能在出生时并不具备生存技能，而是从生活经验中学习掌握。爬行动物、鱼类和植物生来就具备所有必要的生存"知识"，哺乳动物则与它们不同，生来脆弱而愚笨。哺乳动物的脑并没有在安全的子宫或卵中发育完全，而是在与周围世界的互动中一步步发育成熟。哺乳动物在大脑发育期间需要保护,而这种投资能带来一个巨大的优势:每一代哺乳动物都会努力让自己在实际生活的世界中生存下来,而不是在祖先的世界中。

脑容量很重要

脑容量越小的动物越依赖预设的生存技能。这种预设的大脑仅能适应特定的生态位,离开生态位它很快就会死亡。脑容量越大的动物越能从生活经验中积累生存技能。容量大的脑会主动建立起神经连接,而不是完全依靠天生的神经连接。一种生物的脑容量越大,它在出生后不能自理的时间就越长,因为它需要一定的时间来让大脑建立足够多有用的神经连接。

大的脑容量会带来巨大的生存困境,因为脆弱的新生命很容易被捕食者吃掉。脑容量大的狒狒或大象不可能像脑容量小的蛇或蜥蜴那样,生下数百个后代来保证其中至少有一些存活下来。温血、脑容量大的婴儿很难孕育,所以母亲一生只能生不多的后代。如果后代被捕食者吃掉,母亲的基因就会在自然界被抹去,因此母亲会竭尽全力让每一个后代都活下来。

催产素与依恋

但是,你在每个孩子身上投入得越多,如果孩子死了,你的损失也就越大。依恋是这一策略得以持续运行的原因。

哺乳动物母亲时刻守护着每一个新生幼崽，族群也会帮助她们。当捕食者抢走一只幼崽时，母亲就会失去一生中很大一部分繁殖能力，但催产素会继续激发她们的依恋。

纵观人类历史，人往往会在自己出生时所在的依恋网络中度过一生。他们可能会去一个新的群体中求偶，但这种转移是有限的。如今，长久的依恋已不再那么受人青睐，甚至常常被人贬低。然而，若没有长久的依恋，我们会觉得有些不对劲。不知道为什么，但我们确实会向往：那种"所有人都知道我的名字"的地方；拥挤的体育场或音乐厅，那里有成千上万的人在为同样的律动而欣喜、欢呼；与我同仇敌忾的团体；我的评论会受欢迎的在线论坛。这些体验让人感到愉悦，因为社会联盟会刺激催产素分泌。当然，这些都只是短暂的信任——带来的也只是很快就会过去的催产素小喷涌，所以大脑总是在寻找机会刺激更多催产素产生。

> **练习：你何时会感受到催产素**
>
> 催产素带给你的是一种在信任的人身边放下戒备的愉快感觉。这种感觉并非你决定要信任某人的主观意识，而是一种接近信任之人时获得的安全感。当羚羊有同类环绕身边时，当猴子有伙伴梳理毛发时，它们的体内就在分泌催产素。社会联盟能促进生存，哺乳动物进化出了一种对此感觉良好的大脑。人类的大脑可以进行抽象

思考，因此我们可以在支持者不在场的情况下感受到社会支持。我们的催产素通路是从生活经验中建立起来的。刚出生时，我们（以及其他哺乳动物）体内的催产素激增，从而建立起我们的核心依恋回路。之后，当催产素流动时，我们就会感受到信任，无论正在经历的是什么。年幼的哺乳动物就是这样将依恋对象从母亲转移到族群的。人类经常离开从小长大所在的族群，但大脑仍会渴望催产素。你可以留意以下让你放下戒备的时刻所激发出的愉悦感：

有人保护或支持你时

_____

_____

你保护或支持某人时

_____

_____

你信任的人碰触你时

_____

_____

你信任的人向你靠近时

_____

_____

应对背叛

唉,社会信任的感觉有多美好,被背叛的感觉就有多糟糕。为了避免糟糕的感觉,我们会谨慎地决定何时信任他人,何时收回信任。灵长类动物有足够多的神经元来挑选朋友。猴子和类人猿会形成个性化的依恋关系,而不是对一个群体形成全或无的情感联结。在每一次社交互动中,它们都会用催产素或皮质醇更新自己的神经回路。随着时间的推移,你会"知道谁是你的朋友",因为你的神经递质会对"对你的生存有利"或"对你的生存不利"的个体做出反应。

催产素与长期纽带

虽然在一些催产素水平高的物种中确实存在一夫一妻制,但一夫一妻制在哺乳动物世界中十分罕见。大多数哺乳动物会与觅食伙伴而非性伴侣建立亲密关系。你可能会对与你一起吃饭和工作的人有复杂的感觉。有时你可能不信任他们,甚至怀疑自己为什么要忍受他们。但当你离开他们时,你体内的催产素水平就会下降,你的哺乳动物脑会发出警告。

灵长类总是在为社会联盟而奔波协商。其在日常生活中的体现,就是你与家人、朋友、同事或邻居的互动。看到别人这样做时,你可能会觉得很烦。但当你寻求支持时,你会觉得自己只是在努力让生活继续。在催产素的作用下，社会联盟会将威胁感转变为安全感。

认识你的血清素

获得尊重的感觉很好，因为它会激发血清素。这种感觉会促使你寻求更多尊重，从而促进生存。或许你确信自己不是这样想的，但你在他人身上能够很明显地看到这种动力。在动物世界中，获得尊重显然有助于个体的基因延续。当然，它们不会"有意地"考虑基因。它们寻求社会优势地位，因为血清素使它们对此感觉良好。动物们还会尽量避免冲突，因为冲突与痛苦相关联。哺乳动物脑一直在寻找既能享受血清素带来的愉悦感，又不会带来痛苦的方法。

优势地位与血清素

每种哺乳动物都有表示支配和服从的姿态。支配的姿态传达出控制食物或交配机会的意图。服从的姿态可以保护个体免受与强者发生冲突的痛苦。动物只有在双方都认为自己更强大时才会争斗。冲突一般很少发生，因为动物往往对于评估自己的相对实力很有经验，弱小的个体会及时屈服以避免受到伤害。

在人类世界中，我们每天都在主导地位和从属地位之间来回切换。我们时而发挥主导作用，时而让出控制权，以此维持友善。你可能会说，众生平等，任何人都不应该占据主导地位。但如果你与一个人不慎在门口撞上了，你请对方先通行，但对方却说"你先请"，那么此时必须有人采取行动，否则你们将永远杵在门口。最终也许你会凭借坚持礼让成功，然后收获一种优越感，这背后就是你的哺乳动物脑对血清素的追求。

在血清素的驱使下，哺乳动物会寻求占上风的优势地位。一项研究表明了这一点，研究人员用一面单向镜将一只"阿尔法"长尾猴从它的群体中分离出来。（"阿尔法"猴是指平时族群同伴会顺从的猴子。）这只"阿尔法"猴做出了其物种特有的支配姿态，但它的下级猴子们却没有做出预期的服从姿态，因为单向镜挡住了它们的视线。"阿尔法"猴变得焦躁不安，血清素水平下降。实验继续的日子里，它的血清素水平不断下降，焦躁情绪不断增加。实验表明，它需要下级的顺从来维持血清素水平。

血清素与生存

所有生物的体内都有血清素，即使是变形虫也不例外。单细胞生物使用血清素的方式与我们有着奇妙的联系。人体消化系统中的血清素比人脑中的血清素还多，而变形虫太小，没有独立的消化系统和神经系统，因此它以双重方式使用血清素：血清素向变形虫的身体发出信号，使其向食物移动并准备消化食物。这种机制简单得令人吃惊。变形虫不断觅食，并通过让微量的水进入它的细胞膜来扫描危险。如果水样中含有高浓度的异物，变形虫就会将其视为危险，并朝随机方向蠕动。如果水样中的异物浓度较低，变形虫就会认为这是一个觅食的好机会，并释放血清素。血清素会使它伸直尾巴以向前冲去，并促使它分泌消化液。你看，血清素会"告诉"变形虫：现在是安全的，你尽管去觅食，去满足自己的需求。

在哺乳动物中，血清素带来的是一种能安全获得食物或其他资源的良好感觉。在哺乳动物族群中，强壮的个体通常会优先享受食物和交配机会。你可能抱有对动物间和平相处的纯洁幻想，但对无数物种的细致观察表明，每种动物都有自己争夺资源的方式。很多时候，动物们都在进行食物争夺战，或者在争夺交配机会，尽一切可能让自己的后代走在前面。人类会努力抑制这些原始冲动，但我们的生理本能确实会让我们对占据社会优势地位感到愉悦。我们想方设法享受重要社会地位带来的愉悦感，同时规避冲突带来的糟糕感觉。

想象一下，一窝 16 只小猪同时出生了，但它们的母亲只有 12 个乳头。每只小猪从出生的那一刻起就在努力争取营养。这里面存在一个复杂的决策。如果小猪不努力争取，它就可能会饿死，但如果努力过了头，它也可能会在冲突中受伤，或者消耗的能量超过它所摄入的能量。血清素能帮助小猪在这中间找到一个恰到好处的程度。每当一只小猪成功地争过另一只小猪时,前者就会获得血清素。这促使它寻求更多此类良好感觉,而之前抢到的食物使它更具优势。但有时它也会失败,这时血清素水平就会下降,促使小猪及时屈服并保存能量。如上,血清素通过自身水平的波动来平衡能量消耗和食物摄入,从而促进生存。

如果小猪进食严重不足,它体内的皮质醇就会飙升,这会激发攻击行为,从而帮助它获得食物。攻击性不同于社会优势地位,因为皮质醇给人的感觉并不好,而血清素则让人感觉良好。社会优势地位代表的是一种平静、安全的预期,即你会得到需要的东西。而皮质醇则让人感觉到,如果现在不采取行动,就会有可怕的事情发生。

当小猪精力充沛时,它会努力霸占母亲的乳头,不让其他小猪靠近。如果它成功了,它还会努力争取更好的乳头——更靠近母亲心脏的乳头。前面的乳头比后面的乳头能提供更多的营养和温暖。对此研究人员还有争议,但农民已经在好几个世纪以前就观察到这一点了。

猪妈妈不会介入孩子们之间的这种冲突。猪宝宝们在几天大的时候就自己处理妥当了。每只小猪都会从快乐和痛苦的经验中学会生存。经过血清素的调适,每只小猪的大脑都会建立起预期,知道自己什么时候该勇往直前以满足需要,什么时候该忍耐以避免痛苦。很快,小猪们就会进一步外出觅食,然后开始竞争交配机会。

群体内冲突

每个人的大脑都渴望血清素带来的愉悦感，尽管这种追求更容易在别人而非自己身上看到。你不需要抢到最好的乳头，但你的大脑确实会不断监控获取资源的途径。当那途径看起来很稳固时，你会有片刻的愉悦，然后你会想办法让它更稳固。当你看到别人试图确保自己的地位时，你可能会感到恼火，但当你自己这样做时，你会想：我只是为了生存。

对于群居动物来说，保卫资源是一件棘手的事。独居的爬行动物可以直接扑向食物，而不用担心其他个体。但如果群居的哺乳动物向食物扑去，就可能撞上一个更大、更强壮的会攻击它的同类。对生存而言，避免受伤比吃一口食物更重要。因此，对哺乳动物来说，比较自己与对方孰强孰弱的冲动比进食的冲动更为迫切。当它发现自己更弱小时，就会克制自己，等对方吃完再上前；当它觉得自己更强壮时，它的血清素就会激增，它才会猛扑向食物。

我并不是说我们应该支配弱者。我的意思是，我们应该认识到自己进化而来的冲动，即进行社会比较并取得优势。年幼的哺乳动物很快就会知道，如果它们阻碍了强者获取想要的资源，强者就会咬它们。被咬伤的痛苦会驱使它们忍住冲动并后退。当你看到一只动物退缩时，你可能会将其称为"合作"，但动物想要的是进食和繁殖的机会。它并不是在"标榜"合作，而是在寻找安全的机会。

> **雄性和雌性的生存策略**
>
> 　　雄性和雌性的策略略有不同，这取决于各自的生殖适应性。雌雄双方都会寻求最能促进自身基因延续的优势地位。在大多数物种中，雌性对每个后代的投资都非常多，因此提高幼崽的存活率最有利于雌性的基因延续。雄性通常通过最大限度增加交配机会来繁衍自己的后代。在这些策略中，雌雄双方都会通过支配和服从来满足自己的需求。

　　动物做不到未雨绸缪。它们唯一能为未来留点儿储备的方法就是把当下的额外能量投资到社会权力中，社会权力能帮助它们在明天生存下去。这就是为什么每个哺乳动物族群都有自己的地位等级体系。当然，族群并不需要刻意为之。生活在其中的每个个体只需记住自己害怕谁、信任谁，等级体系就有条不紊地形成了。皮质醇会让哺乳动物在面对比自己更强大的族内成员时蜷缩起来进行自卫。血清素则会使哺乳动物在足够强大、能够得到尊重、能够满足自己的需求时，表现出优越（或者说是变得膨胀起来，这取决于你如何看待它）。

　　与处在牛群边缘的母牛相比，挤到牛群中心的母牛更能免遭捕食者的攻击，更安全。爱往中心挤的母牛能增加自己活到繁殖期，并让自己的小牛崽活下来的可能性。公牛在交配期到来前通常会避开牛群，在交配期到来时会与其他公牛展开激烈的争夺战。最有优势的公牛会挤到牛群中心，与最有优势的母牛相遇并授精。在每个物种中，社会优势地位都会以这样或那样的方式推动优势个体成功繁衍。我并不是在提倡这种行为，只是联想到了人类面对的一个巨大挑战：在尽量避免冲突的同时努力让自己感觉良好。

动物真的无私吗

你可能听说过动物的利他行为。人们更愿意看到生物天性善良的证据，研究人员往往会提供符合这一需求的"研究"，他们以科学的名义进行了数百次实验，并报告了可被视为利他的事例。动物利他的假象往往出现在高度人为的实验室场景中。在野外，动物会从敢抢食物的幼崽嘴中抢回食物，而这并不会被新闻报道。

在动物世界中，地位较高的雄性通常能获得更多的交配机会，地位较高的雌性往往能生得更多，其幼崽的存活率也更高。追求社会优势地位的个体能够繁衍出更多后代，我们就是其中之一。

与此同时，我们也在努力寻求社会信任，以激发催产素。你的大脑一直在寻找既能享受血清素，又不会失去催产素或增加皮质醇的方法。例如：如果你在会议上的发言得到了肯定，那种感觉会很好；但如果你主导了会议，你最终可能会感到痛苦。每一次痛苦或快乐的经历都会帮你建立神经连接，帮助你了解怎样才能感觉良好并生存下去。你的大脑总是在努力利用这些神经回路来获得地位与尊重。

> **练习：你何时会感受到血清素**
>
> 　　血清素带来的是一种被重视的感觉。我们能看到别人多么喜欢被重视的感觉，但我们却讨厌在自己身上看到。人类进化而来的大脑会寻求社会优势地位，因为这样做的大脑能复制出更多的基因副本。我们努力避免冲突，因为攻击失败造成的死亡可能会使我们的基因在自然界被抹去。因此，哺乳动物脑会不断加工社会信息，当你找到一种安全的方式来彰显自己时，它就会通过释放血清素来奖励你。人类的大脑皮层还试图通过抽象的心理活动，如骄傲、自信或自尊等，而不是跟对手的直接较量，来激发血清素。这能让人感到愉悦，即使你不好意思承认。能注意到自身对血清素的本能渴求是一项宝贵的技能，你可以通过回想以下情景来练习：
>
> 某个你不喜欢的人试图获得重视
>
> _____
>
> _____
>
> 某个你喜欢的人试图获得重视
>
> _____
>
> _____

你感受到尊重的时刻

_____

_____

你占据竞争优势的时刻

_____

_____

优势地位是相对的

过去的血清素经历构建起你现在的期望回路。如果你期望成为宇宙的主宰，那么你可能会在很多时候感到不被尊重。你的生活从客观角度来说可能还算不错，但倘若你期望能一直得到他人的钦佩，那你就会感到失望。倘若你不这样期待，可能就会对自己得到的尊重感到满意，从而享受血清素带来的平静和安全感。

社会优势地位不同于社会经济地位。一个在世界亿万富豪排行榜上名列第三的人，如果跌至第四，可能会觉得自己的生存受到了威胁。相反，一个社会经济地位不高的人可能会苛刻地支配他周围的人，并因此感觉良好。

许多社会优势策略与正式的财富和地位无关。外表就是一个很好的例子。两个长得一模一样的人，可能一个因为自己的外表而感到受尊重，而另一个感到不被尊重。我们脑中的神经化学物质水平取决于我们建立起的期望回路。

众所周知，抗抑郁药（如百忧解）能提高大脑中的血清素水平。当抗抑郁药被介绍给公众时，人们还不了解血清素的功能，就像人们在使用阿司匹林时不知道它的作用机制一样。这可能让人产生了这样一种印象，即摄入"适当水平"的血清素可以使人快乐，并且不受个体的思想和行为影响。事实上，我们对血清素与快乐之间关系的理解还处于初级阶段。动物让我们得以一窥血清素波动的作用，但这些发现尚无定论。现在我们可以说的是，哺乳动物寻求优势地位的冲动不是获得快乐的处方，而是通往自尊自爱的一扇窗户。

每种快乐激素都会因为特定的生存理由而开始释放，然后停止，以便在遇到下一次生存机遇时再次开始。当你沉浸在快乐中时，不快乐激素往往隐匿不见，但当快乐逐渐消退，它们就会引起你的注意。你也许会想，如果能消除不快乐激素就好了。别急，下一章将告诉你它们存在的理由和意义。

第 3 章

为什么你的大脑会制造不快乐

不快乐激素是天然的安全警报

当看到一只蜥蜴在晒太阳时，你可能会认为这是一幅宁静的画面。但事实上，这只蜥蜴只是在努力远离死亡。冷血的爬行动物需要经常晒太阳，否则就会因体温过低而死亡，但当它们暴露在阳光下时，就要冒被捕食者吃掉的风险。因此，蜥蜴要不断地在阴暗的地方和有致命威胁的阳光之间来回穿梭。在这一过程中，它就是通过逃避不好的感觉来做出这些抉择的。

当体温下降导致皮质醇激增时，蜥蜴就会爬到太阳底下。一旦暴露在阳光下，它很容易受到伤害，需要不停地扫描周围潜在的捕食者，一有风吹草动就爬走。它并不会觉得这很好玩。它之所以能活下来，是因为它的大脑善于权衡各种威胁。

人类的脑干和小脑与爬行动物的脑极为相似。在进化过程中，大自然会改造旧的部分，而不是从头开始创造新的。我们仍在使用爬行动物脑来完成其擅长的工作，比如新陈代谢的平衡和警惕潜在的伤害。哺乳动物脑在爬行动物脑的基础上增加了一层，从而使社会生活成为可能，而人类脑则又增加了一层，使过去、现在和未来的生活模式、经验贯通起来。你的爬行动物脑在这些高级皮层与你躯体的连接处，所以你会发现自己的身体在遇到社会生活中的某些情况时产生受到威胁的感觉。很多人会感受到比自己预想的更多的威胁，我们有必要了解一下自己的"威胁探测器"是如何工作的。

皮质醇如何发挥作用

皮质醇是人体的紧急广播系统。爬行动物、两栖动物、鱼类甚至蠕虫在遇到生存威胁时都会分泌皮质激素。它会产生人类称之为"痛苦"的感觉。痛苦会引起你的注意，让你感觉难受，这是有效果的——它能让你集中注意力，不惜一切代价来让痛苦停止。大脑为了避免痛苦，会储存痛苦经历的细节，这样你就能知道将来要注意什么。当你看到与过往痛苦有关的线索时，皮质醇就会开始分泌，这样你就能及时采取行动，避免再遭遇痛苦。大容量的大脑可以产生大量神经连接，因此可以预料许多潜在的痛苦来源。

当皮质醇水平一下子猛增时，你会感到"恐惧"，而当皮质醇水平缓慢爬升时，你会感到"焦虑"或"压力"。这些不好的感觉告诉你，如果不尽快采取行动，痛苦就会降临。你的爬行动物脑说不清为什么会释放皮质醇，脑中的神经电流只是在沿着一条通路流动而已。但当你了解这是如何发生的，就能更容易地区分内部警报和外部威胁。

你可能会认为，如果世界变得更好，你就不用分泌皮质醇了。但你的大脑仍会把每一次失望都视为威胁，而且这种反应是有价值的。它能及时提醒你，以避免遭受进一步的挫折和失望。例如，假设你已经走了几千米去找水喝，却发现走错了路，这时一股不妙的预感就会跑出来制止你继续走这条错路。你不可能一直做出完美预测，因此你的皮质醇总会有事做。了解皮质醇有助于你与周围的世界和谐相处。

皮质醇与痛苦前兆有关

从生存的角度来看，痛苦来临前的感觉输入是至关重要的信息，它们能帮你在下一次麻烦发生之前就有所察觉。大脑无须刻意努力便能自发地储存这些信息，因为感觉输入的神经电活动在消失之前会持续一小段时间。通过"缓存记忆"，与痛苦有关的神经回路能够将痛苦发生前的事件包含进去。它们使生物无须进行意识层面的理性分析就能发现潜在威胁。

有时，大脑会将痛苦和痛苦前的瞬间以一种奇怪的方式联系起来。例如，有个女孩一听到笑声就会惊慌失措。这个女孩过去遭遇了一场车祸，她的几个朋友因此丧生。她从昏迷中醒来后，不记得车祸的事，却变得一听到笑声就开始恐慌。治疗师帮助她回忆起，在车祸发生的那一刻，她正在汽车后座上欢笑。她的爬行动物脑将事故的痛苦与当时听到的笑声联系在一起。当然，她的大脑皮层知道笑声并不是事故的原因。但那时，巨大的痛苦使她脑中产生了大量皮质醇通路，以至于大脑皮层可能来不及过滤或修剪它们。于是，当女孩再次听到笑声时，她的皮质醇通路就触发了一种迫切的驱动力，让她想要做些什么来避免痛苦，但她不知道该做什么。

这种奇特的危险意识对生存有巨大的促进作用。想象一下蜥蜴被老鹰抓住的情景。鹰爪抓住蜥蜴的身体两侧会激发蜥蜴的皮质醇，使当时所有活跃的神经元连接起来，包括之前的片刻间所有活跃的神经元，因为后者的电活动会持续一小段时间。这样，一个精确的威胁探测器就毫不费力地建立起来了。老鹰扑过来时的气味，以及老鹰遮住阳光造成的突然黑暗，现在都与蜥蜴分泌皮质醇联系在一起。如果它能成功脱险并存活下来，它将拥有一个非常有效的新回路。因此，皮质醇回路能够帮爬行动物避开死亡，即使它实际上并不"知道"死亡是什么，甚至也不"知道"老鹰是什么。

关于痛苦的记忆是有意义的

痛苦会给我们带来警示信号。遇到巨大的痛苦时，我们可能会在脑中建立起大型的警示神经回路，这些回路被称为恐惧症或创伤后应激反应。较小的痛苦会使我们形成较小的警示回路，我们可能不易察觉。我们产生的惊恐情绪并不总是很有道理。也许你会想，要是能删除脑中做出错误预测的回路就好了。其实不然，其背后有一个重要的关乎生存的理由。想象一下，你的祖先看着别人因为吃了毒浆果而死去。他的皮质醇会激增，并永远记住那种浆果。多年以后，当他非常饥饿的时候，也能忍住不吃那种浆果。你看，你的祖先之所以能活下来，正是因为他的皮质醇回路经受住了考验。

今天的"生存"与我们祖先的生存

皮质醇回路持续不断地为你制造可能令你难以理解的求生紧迫感。你当然知道，如果未能如愿升职，或者有人在操场上揪你的头发，你并不会死。你也知道，如果因为在邮局排长队而收到违章停车的罚单，你并不会死。但是，当你面临挫折时，你的神经化学物质总是会让你产生一种危及生命的紧迫感。

人们常常会把这种感觉归咎于现代生活的重压，但我们的祖先明明生活在更严酷的生存挑战中。如果你生活在过去，害虫会侵扰你的家园、食物和水源。你会在大部分时间里感到皮肤溃烂。你会眼睁睁地看着兄弟姐妹死去。你邻近的敌人会入侵和掠夺。你无法自由选择伴侣。皮质醇经常会让你产生需要"做点儿什么"的紧张感，而你并不总有办法能让它停下来。

皮质醇会让人产生"今天的生活更糟糕"的信念。当你担心学业评价测验或自己看起来很胖时，皮质醇会使你产生人生要完蛋了的生理感觉。但当你想到祖先所面临的威胁时，皮质醇则不会释放，因为直接经验是建立皮质醇回路的基础，而你与祖先几乎没有共同的直接经验。

那些告诉你最近生活很糟糕的人，是在试图证实你受到威胁的感觉，以获得你的支持。你可能很难相信你的威胁感也许只是由一些小烦恼引起的。你一直在寻找证明有更大威胁存在的证据，而很多人会向你提供这样的证据。如果你看新闻或听政治演讲，就会觉得世界已经濒临崩溃。后来世界并没有崩溃，但你并未对此感到庆幸，因为新的灾难迹象立即吸引了你的注意力。这让你感觉更糟，但你又不敢停止收看，因为那样你就只能独自面对受威胁的感觉。

代际差异

当然，我们喜欢挑战长辈的恐惧。你可能会想象你的祖先英勇地吃了那种浆果，证明它根本是无害的。如果前人的警告总是假的，而你朋友的警告总是真的，生活就会变得很简单。然而，这个世界很复杂，如果一个人一感到饥饿就无视毒浆果的警告，那么他早就死了，他的基因也会消失。我们的基因来自那些紧紧抓住在生活中储存的经验不放的祖先。这种机制看似有缺陷，但终究比一出生就被硬套上探测各种危险的神经通路要有效得多。我们从经验中学习，而不是生来就害怕那些威胁过我们祖先的东西。每一代人都能从自身皮质醇的激增中了解危险。我们也会从长辈那里认识危险，但每一代人都会对长辈的恐惧嗤之以鼻，并建立起自己的恐惧。

我也是这样过来的。有一次母亲告诉我，她整晚没睡，担心牛奶会变质，因为她把牛奶忘在了柜台上。我对她的焦虑嗤之以鼻。但在她去世后，我才意识到，当她还是个孩子时，如果把牛奶忘在外面，她就会挨饿。她的三个妹妹也会挨饿，尽管那时她自己还是个孩子，但已经得负责喂养她们。真实的痛苦在她的大脑中建立起了特定神经元之间的连接，这些连接一直都在。

真希望她在世时我就能明白这一点。而现在我能尽力做的顶多是深刻认识到我的大脑能从我自己的经验中学习。由于镜像神经元的作用，她的恐惧成了我经验中的一部分。由于她的恐惧，我不必以身试险，不必真的通过在车流中玩耍和吃毒浆果来获得教训。我也建立起了自己的威胁探测器——也许它也有自己的奇怪之处。

根据经验进行推断

人脑会从过去的痛苦中总结经验。有时我们会反应过度，但如果我们不从痛苦中吸取教训，情况会变得更糟。水母不能像人类那样"举一反三"，所以哪怕它们在热炉子上灼伤了一只触手，其他触手还是敢碰炉子。人脑是一个信息处理中心，能将过去的痛苦与未来潜在的痛苦联系在一起。所以我们能有效地预测威胁，会为 20 年后每 1000 万人中就会有 1 人受伤这样的统计预测而苦恼。老板的眉毛稍抬一下，哪怕只有 1 毫米，我们都会有危机感。如此擅长预测痛苦也会让我们承受精神重负。

> **练习：你的个人威胁探测器**
>
> 无论过去是什么触发了皮质醇分泌，都会在你脑中建立起神经通路，提醒当下的你避免受伤害。你可以称其为压力、焦虑、恐惧或恐慌，这取决于它的强度。无论如何，皮质醇总会让你觉得如果现在不做点儿什么，就会有可怕的事情发生。你很难知道是什么让皮质醇激

增,因为激增的背后只有沿着一条成熟的神经元链条流动的电流。但如果你仔细观察自己的负面感受,就能发现其中的规律。这可以帮助你采取新的方式来避免受伤害,而不仅仅是根据旧的信息、旧的模式做出本能的反应。当然,负面感受以后还会出现,因为皮质醇神经通路仍然存在。但当你知道负面感受源自大脑对旧威胁的旧反应模式后,你就不会再急于寻找"证据"来佐证甚至助长你感受到的威胁,然后这种感受就会过去。试着找一找你受到威胁的感觉:

你曾在青少年时期遭受过某种威胁,如今在同一模式下感受到的威胁感

_____

_____

你曾在童年遭受过某种威胁,如今在同一模式下感受到的威胁感

_____

_____

你父亲或者母亲曾遭受过某种威胁,如今你在同一模式下感受到的威胁感

_____

_____

> 你社交圈中的某人曾遭受过某种威胁，如今你在同一模式下感受到的威胁感
>
> _____
>
> _____

社会性痛苦与哺乳动物脑

哺乳动物通过聚在一起来减轻威胁迫在眉睫的感觉。群居能帮助它们在对危险保持警惕的同时稍稍放松。群居行为在今天听起来不是那么好，但数学证明，群体带来的安全比爬行动物各自谋生的生活方式更有利于生存。哺乳动物的生存概率比大多数低级动物都要高，它们的后代也有更高的存活率。但是，哺乳动物的世界并不温暖。社会群体会引发好的感觉，也会带来坏的感觉。当大脑适应了群体生活后，一种新的不快乐进化了出来：社会性痛苦。

在自然状态下，社会隔离是一种生存威胁。自然选择创造了社会性痛苦，以警告你社会纽带受到威胁，就像身体疼痛警告你身体受到威胁一样。当你看到群居动物的生活画面时，你可能会认为它们正享受着美好的团结感觉。但如果你仔细观察，就会发现每个个体的大脑都只是在努力寻找一个安全的地方。

想象一下，你是一只角马，正在和你的族群一起寻找更新鲜的牧草。当来到一条河边时，你害怕独自跳进河里会被鳄鱼咬伤，于是停下来观察其他成员的行动。就在你分析的时候，角马群在你身后集结，你担心它们会把你推下去。那样会更危险，所以你决定快点儿行动。当你跳下去时，其他角马也迅速跟着你跳下去，因为鳄鱼会吃掉落单的角马。当蹄子和角在不断冲撞你时，如果你不行动，你也会感到痛苦。

在角马群雄壮地跃入河中的视频里，这些社会复杂性并不明显。它们看起来只是在跟随。我们人类重视个性，不会只是随波逐流，但当你跟随群体行动时，皮质醇的激增总会在不经意间出现。你的大脑遗传自那些为了生存而紧盯着族群同伴的个体。对群体漠不关心的个体会被基因库淘汰出局，而能够监控社会动向的大脑则会被自然选择。

脑容量越大的动物，其社会生活越复杂。脑容量小的哺乳动物往往只会对彼此进行一次评估，然后建立一个永久的神经通路。灵长类动物则有足够的神经元来不断更新对彼此的感觉。

什么是镜像神经元

灵长类动物有一些特殊的神经元，可以促进社会联结。当个体观察他人的行为时，这些镜像神经元就会被激活。科学家发现镜像神经元是个意外。他们本来在研究一只猴子抓花生时大脑中的电活动。实验结束后，一名研究人员拿起花生准备放好。令他惊讶的是，猴子的大脑出现了与它自己拿起花生时相同的电活动模式。观看动作与执行动作会激活相同的神经通路。

我们不会对看到的一切他人行动都产生镜像反应。镜像神经元只在看到别人获得奖励或面临威胁时才会被激活，激活的程度比你自己执行动作时要弱得多。但如果你反复观看他人获得奖励或面临威胁，神经连接就会形成。你会让自己以看到的方式获得奖励或避免威胁。这方面的研究还处于起步阶段，但人们已经了解到，鸣禽也有镜像神经元，它们会通过聆听其他个体的鸣叫来学习鸣叫。

共情——新的维度

镜像神经元让我们能感受到他人的痛苦。正如共情研究人员经常提到的，这有好处，但也有代价。只要与遭受痛苦的人在一起，你就会感到痛苦。即使你的生活很好，镜像也会为你建立一条分泌皮质醇的通路。一旦你的生理威胁感被点燃，你的大脑皮层就会寻找遭受威胁的证据。它会找到证据，因为这能缓解那种必须"做点儿什么"的感觉。

社会群体会建立起共同的威胁感。当你所在的社会群体感到威胁时，你也会注意到威胁。你可以自行解除脑中的警报。但你的群体伙伴可能希望你对他们的痛苦模式感同身受。

如果你不这样做，你的社会联结就会受到威胁。你的同伴可能会认为你不是"我们中的一员"，甚至会把你视为威胁。做灵长类动物并不容易。

群体与个体

我们无时无刻不面临着这样一个持续的抉择：是选择单枪匹马地闯荡，还是不惜一切代价地融入群体？你在意识层面并不认为若缺乏社会支持自己就会性命不保，然而，面对这种可能的情形时，神经化学层面的反应却会异常强烈。就拿绩效评估来说，倘若你的工作受到批评，你心里明白这实际上并不会危及自己的生存，可皮质醇却会让你产生受威胁的感觉。警报信号驱使你的大脑皮层去搜寻威胁，而你的大脑皮层也确实会配合着找出一些来。

> **大自然中的弃儿**
>
> 动物有时会把某个个体赶出群体。最常见的例子是被罢免的首领和青春期雄性动物。被排斥的动物体内的皮质醇会激增，而且它们往往会死亡。动物非常害怕被排斥，因此它们通常会不惜一切代价留在群体中，即使受到严苛的支配。当离开群体有利于繁殖时，哺乳动物会离开群体，因为皮质醇的激增会被快乐激素的激增所抵消。

走向独立

社会性痛苦是成长过程中不可避免的一部分。一开始，你会得到一定程度的社会支持，但到了一定时候，你就会明白父母不可能永远保护你。这一点在幼猴身上体现得淋漓尽致。在幼猴三个月大、白毛消失之前，猴群不会对它怎么样。到白毛消失时，它就成为公平竞争的对象，成年猴子会从它嘴里抢走食物。当童年结束，你需要自己面对威胁时，你可能会觉得世界崩塌了。然而，这就是自然之道。幼崽必须在父母死前学会生存技能，否则任何物种都无法生存。当你在没有长辈保护的情况下面临威胁时，皮质醇会激增。由此，每个人的大脑都会学会对失去社会支持的痛苦做出反应。

社会性痛苦的益处

这种社会性痛苦回路是一种有用的工具。它可以帮助你在社交奖励和其他奖励之间做出选择。想象一下，你得到了一个很好的晋升机会，但需要搬去另一个州。一想到要失去现有的生活，你就会感到难受，但放弃职业晋升的想法也让你感到难受。难受的情绪会帮助大脑权衡各种风险。皮质醇会帮助你解读信息，即使你手上的两个选项都不错。日常生活中，这样的选择比比皆是——你必须在随大流而失去机会的糟糕感觉和被孤立、忽视的糟糕感觉之间做出选择。这些糟糕感觉并不意味着世界是糟糕的，它们只是一种工具。

当下对于社会性痛苦的关注

社会性痛苦并不是什么现代社会的新鲜事物，只是当你正在经历饥饿、暴力、苦役和疾病时，大脑对它的关注会减少。一旦你摆脱了身体上的痛苦，就像我们许多人如今的日常状态，社会性痛苦就会吸引你的注意力。你的社交纽带所面临的每一个可能的威胁都会变得巨大。任何与你过去的社会性痛苦相似的东西都会激活你建立起的神经通路，开启皮质醇的释放。警示信号已被植入，哪怕只是一丝熟悉的旧痛的征兆，也会迅速引发皮质醇的激增。

你当然有权选择关注哪些信息。但选择并不简单。一方面，你要避免误报；另一方面，你又想尊重来自同伴的警报，以免失去社会支持。更糟糕的是，仅仅归属于群体并不能让你的哺乳动物脑感到快乐。它希望的是被关注。

为什么大脑将得到关注等同于生存

排斥肯定会让你不快乐，但接纳也不一定就能让你快乐。一旦你加入一个群体，你就会看到别人有你没有的东西。尽管你不愿承认，但你还是会感到难受。这种无处不在的不快乐来源，其存在有一个很好的生理学解释：大脑中最初的体验，即神经网络的基础回路，就是感觉到如果你得不到关注，你就会死。

始于襁褓

人类新生儿是大自然中最脆弱的。除了人类,没有任何一种生物在出生时离独立生存如此遥远。想想看:

- 羚羊出生后第二天就能和族群一起奔跑。
- 大象在吃第一餐之前就会走路,因为这样它才能够到乳头。
- 鱼一出生就是"孤儿",因为鱼卵受精后,父母就游走了。
- 而人类新生儿最初几周压根没法抬起头,甚至几十年都无法养活自己和后代。

人类出生时神经系统发育不全是有原因的。如果我们在子宫内发育完全,我们的脑就会太大,无法通过产道。在某种意义上,我们其实是"早产儿",出生时神经系统还没有发育成熟。这是通过比较人类婴儿和早产黑猩猩得出的结论。早产的黑猩猩无法像足月的黑猩猩那样,在妈妈在树上荡秋千时紧紧抓住妈妈。刚出生的人类就像早产的黑猩猩,只不过人脑更大一点儿罢了。随着人类的祖先成功地获取更多蛋白质和脂肪,人类的脑不断变大。他们甚至在擅长狩猎之前,就已经能靠从捡拾的骨头中获取骨髓而茁壮成长。更大的脑带来了更好的狩猎方法、更多的营养,使得脑继续变大。由此,我们这个物种出生时所处的发育阶段越来越早,神经元越来越多，但它们之间的连接却越来越少。

　　黑猩猩出生时，眼睛和四肢都已准备就绪。人类则是在出生后才根据直接经验将感觉器官和肌肉骨骼系统连接起来。当新生儿看到一只手在他面前飞舞时，他并不知道自己与这只手相连，更不知道自己可以控制它。我们出生时是无助的，在长期的依赖中，我们大脑的神经系统逐渐连接起来。这使我们的神经系统能够适应我们出生时所处的环境，但这也意味着我们在生命伊始有一种极度的脆弱性。

　　幸运的是，人类婴儿的脆弱性激发了沟通交流。能够唤起人们关注其需求的婴儿更有可能存活下来。善于解读婴儿发出的信号的母亲的基因更有可能存续。因此，沟通交流能力是自然选择的结果。当我们成功时，我们的需求得到满足，快乐激素就会流动。当我们失败时，皮质醇就会流动，我们就会想办法做些什么。最终，我们发展出了复杂的沟通交流回路，它们都建立在一种核心感觉上——如果你的声音不被听到，你就会死。你可能意识不到这一感觉，但你的神经化学物质确实是这样"想"的。

　　你出生时经历了无能为力的痛苦，由此产生的皮质醇让你哭泣。这起了作用！它让你的需求得到了满足。新生儿哭泣并不是有意识的交流行为。他哭不是因为他知道奶是什么，而是因为这是人类为数不多的预设回路之一。婴儿很快就能学会停止哭泣，因为他能根据过去的经验识别出痛苦将得到宽慰的迹象。在需求真正得到满足之前，他就会停止哭泣，因为他已将得到关注与痛苦将得到宽慰联系在一起。

但是，婴儿会发现，关注来得快，消失得也快。社会支持会因为婴儿无法理解的原因而消失。当婴儿感到安全时，他就会出去探索，而痛苦会以某种意想不到的方式再次袭来。我们必须在社会支持的避风港外进行探索，这样我们才能体验威胁并学会应对。再多的关爱也无法永远保护我们不去面对人类的脆弱性这一现实。

幼时建立的神经通路至今仍在

你在幼时建立的脆弱性神经通路长大后依然存在。当你的情诗被你爱的人忽略，或者你的观点在会议上被忽视，这些通路就会被激活，使你分泌皮质醇。我们的意识不会认为得到关注和倾听是一件生死攸关的事，但过去建立的通路会让我们确实有这种感觉。

当你看到别人受到关注时，被忽视的糟糕感觉就会更加强烈。每个灵长类动物群体中都会有一些个体比其他个体更受关注。野外研究人员记录了狒狒关注某些同伴胜过其他同伴的情况。实验室研究人员发现，黑猩猩会用食物换取观看其所在群体中首领黑猩猩照片的机会。你的大脑不断寻求关注，就好像你的生命依赖于此一样，因为在自然状态下确实如此。当期望落空时，皮质醇就会分泌。

练习：让它停下来

你很难停止皮质醇的分泌，因为大脑天生会努力保护你免受威胁。你的祖先之所以能战胜饥饿、寒冷和食肉动物的捕食，就是因为皮质醇会一直让他们感觉很糟糕，直到他们找到让皮质醇停止分泌的方法。一旦生理需求得到满足，社会威胁就会引起你的注意。这就是为什么当某件事让你回想起年轻时经历的社会挫折时，你仍会觉得自己的生存受到了威胁。由于威胁的来源不明，因此你很难对这种皮质醇反应"做点儿什么"。将注意力集中到别处会有所帮助，所以我们养成了一些习惯来分散我们的注意力，使我们逃离皮质醇。从长远来看，这些"快乐习惯"有些对你有益，有些则不然。心情不好时薅头发恐怕不太好，编篮子倒还不错，与你的知心朋友聊聊也不错。请留意你用来摆脱痛苦想法的习惯。考虑每个习惯的结果，看看它们从长远来看是否对你有益：

能停止皮质醇的分泌但长远来看对我有害的习惯

_____

_____

能停止皮质醇的分泌且长远来看对我有益的习惯

_____

_____

对地位的无限渴望

大多数人很难相信他们的皮质醇分泌是由对地位的担忧引起的。或许你能很轻松地说"我不在乎地位",但你确实很容易看到别人在乎。你可能并不关心某个特定的地位标志,比如最新的小玩意儿或服装品牌。但是,你的哺乳动物脑总是将你与他人进行比较,判断谁更具优势。如果是他人占优,你的皮质醇就会释放。在自然状态下,这会警告你要克制,避免不利的冲突。如今,这会让你有一种模糊的感觉——你受到了一个处于优势地位的人的威胁。你不会有意识地这么想,但你的哺乳动物脑着实想避免处于不利地位,就好像这决定了你的生存似的。于是,它驱使你去追求优势地位,尽管你从不认为自己是一个处处想高人一等的人。

你也许很难理解这些搅得人不得安宁的冲动,因为它们不会上升到意识层面。许多人认为是世界逼迫他们不断追求地位的,从而与他们的哺乳动物脑和解。但这是行不通的。当你觉得被世界评判时,处于不利地位的感觉就会加剧。你会希望自己也参与了评判。当你知道是自己在制造必须"做点儿什么"的感觉时,你就拥有了控制它的力量。

动物世界中的地位

了解动物是如何相互竞争的会对我们有所帮助。一个简单的例子就是动物有时会迫切地想让自己看起来更大一些。哺乳动物会不自觉地竖起毛发，因为皮质醇会收紧毛囊（相当于人类的鸡皮疙瘩）。当毛发竖起来时，在对手眼里你就会比实际个头大。体型较大的动物会从体型较小的同类那里夺取食物、配偶甚至幼崽，因此，看起来高大对生存有利。这一切都是在糟糕感受的驱动下发生的。（一则重复了多次的免责声明：我并不是说你应该这样做；我想表达的是，当你了解了自己的冲动时，就能更好地控制自己的冲动。）

　　了解动物的地位意识是如何产生的，能帮助你更好地理解这种意识。当母牛进入发情期或加入一个新的牛群时，它会逐一与其他母牛搏斗。如果它输了，它就知道对方不好惹——它会把那头牛的气味与痛苦联系起来。如果它赢了，它就会觉得在那头牛身边很安全。它的大脑会将每个同类与皮质醇或血清素联系起来。这指导着它的社会交往，要么顺从对方以避免痛苦，要么主导对方以满足自己的需要。牛群通常由一头"阿尔法"母牛领导，终其一生都没有牛反对它的地位。当"阿尔法"母牛死后，地位较高的母牛就会互相争夺"阿尔法"母牛的位置。然后一切恢复正常。母牛没有足够的神经可塑性来不断更新它们的回路。

　　而灵长类动物具有更强的神经可塑性。脑容量小的哺乳动物通常会终生保持一套地位等级，而脑容量大的灵长类动物则会在它们认为自己能够获胜时挑战地位等级。猴子和猩猩很快就会发现同伴的弱点，它们会为了食物、配偶或谁能占到好位置而挑战同伴。这并不意味着它们总是打架——当预感打架会带来痛苦时，它们还是会避免打架的。它们凭借更大的脑容量来建立社会联盟，用痛苦来震慑对手。研究表明，群体中的每只灵长类动物都知道自己相对于其他同伴的地位，以及任何两个第三方的相对地位。当冲突改变了这些等级地位时，每个个体的神经连接都会发生改变，以记住新的地位等级。地位带来的回报通常很小，但在大脑无须顾及其他更迫切的需求时，它们就会引起大脑的注意。善于追求地位的大脑在进化中占据优势，不善于追求地位的大脑则都成了历史。

动物非常关心交配对象的地位。每个物种都有自己评判潜在配偶的策略，它们总是关注与后代生存潜力密切相关的特征。例如：

- 尾巴颜色更鲜艳的孔雀对致命寄生虫有更强的抵抗力，这使它们的后代具有生存优势。
- 在黑猩猩的世界里，追求地位往往胜过求爱。雄性只对有生育能力的雌性感兴趣，这基本意味着需要等待五年，因为雌性在哺乳期不能生育。雄性会在这段时间里互相争夺地位。

你可能会说你不在乎地位，但当地位高的人注意到你时，你的快乐激素一定会激增。提高你孩子的地位会让你的哺乳动物脑更加兴奋。而当你的特殊性被忽视时，你的不快乐激素就会激增,如果你孩子的特殊性被忽视,情况还会更糟。

当今世界中的地位

你可能会把这些化学物质的波动归咎于"我们的社会",而没有认识到追求地位的冲动的普遍性。如果每只哺乳动物都追求同样美貌的异性,就会有很多不快乐的哺乳动物。如果所有父母都想让自己的孩子进入同样的高等学府,就会有大量的皮质醇产生。如果每个人都想成为首领,不快乐就会泛滥成灾。类似的冲动存在于每一种文化中,也存在于我们的动物祖先中,所以责怪"我们的社会"是没有道理的。

你对自己地位的感觉与你的社会经济条件无关。想象一下,你是一名身价不菲的律师,周身满是彰显身份地位的各种象征。你醒着的每一分钟都在向客户、高级合伙人以及任何能帮助你事业发展的人卑躬屈膝。无论看向哪里,你都能看到可能毁掉你事业的威胁。你感觉不到自己的主导地位。而如果你是一名公交车司机,对公交车有完全的主导权,在家里也能说了算,你可能反而会更快乐。地位并不来自固定的标签和抽象的词语,它是你与他人互动时的感觉。这些感觉随着我们一天的生活轨迹而时刻变化着,但它们在很大程度上取决于我们已经建立起来的神经通路。

我们告诉自己地位并不重要,每个人都是平等的,但每个人的大脑都在不断监测自己与他人的高下。我们会从经验中建立起预期。当眼下的情况比预期的更好时，快乐激素就会流动起来。当情况不如预期时，你会产生一种类似生存受到威胁的感觉，即使现在你已经能意识到这一点，这种感觉仍会自动产生。每个人对轻视都很敏感，因为每个人都希望自己与众不同。若别人渴望与众不同，可能会令你感到不快，但在我们自己身上，我们会觉得自己与众不同才是理所应当的。

> **练习：渴望成为特别的那一个**
>
> 　　在自然状态下，在群体中的特殊性能促进生存。你的哺乳动物脑会痴迷于追求与众不同，就好像你的生命取决于它一样。在你年幼的时候，无论是什么东西让你觉得自己与众不同，都会触发快乐激素的分泌，并形成神经连接。这些连接催生了你对自己如何生存的期望，当你对与众不同的期望落空时，就会感觉到生存受到了威胁。我们很容易在别人身上看到这一点，但在自己身上却不容易看到。我们总会为自己的行为找到"好理由"，但追求与众不同听起来并不像"好理由"。正是这让我们对神经化学物质波动的原因感到困惑。小小的社会挫折就会让你感到极大的危险，你却不知道原因何在。如果你知道这种感受的来源，这些汹涌澎湃的感觉就不会那么强烈了。你可以养成一种习惯，留意自己和他人对与

众不同的渴望。不要否认这种渴望，而要去留意你的渴望，以及当渴望没有被满足时你感到的不快。与其因这些感受而谴责自己，不如尊重你的生物本能，那可是让你的祖先得以生存的能量。请留意以下情况：

别人对与众不同的渴望与追求
_____
_____

自己对与众不同的渴望与追求
_____
_____

人类祖先对与众不同的渴望与追求
_____
_____

追求与众不同的过程中遇到的挫败
_____
_____

即便你内心并不希望如此，你的大脑仍会不由自主地将你与他人做比较。在自然的生存环境中，这种与他人的比较行为实则有助于个体的生存。它能有效防止你贸然卷入那些极有可能失败的争斗之中。当你的大脑判定你相较于另一个体更为弱小时，它便会释放皮质醇，以此提醒你面临风险。

这会促使你克制自身，即便你内心深处有着强烈的扩大自身生存利益的冲动。不快乐激素能够协助我们抑制内心的支配欲望，进而使我们得以与群体成员和睦共处。尽管我们满心希望远离这些不快乐激素，但不可否认的是，我们的确需要它们来维持生存。

大脑皮层在检索威胁中的作用

人类大脑皮层会创造出让人感觉非常真实的抽象概念。我们可以用自己的想法恐吓自己，因为我们有能力从内部激活神经通路，而不是仅仅依赖感官输入。例如，只要一想到即将到来的工作汇报，你就会开始出汗，即使你实际上并未在会议室里准备开始讲话。抽象思考让我们能够想象未来的威胁，并采取行动加以避免。我们甚至可以想象自己的死亡：我们知道有些东西会要了我们的命，即使我们不知道具体是什么。这促使我们不断寻找潜在的威胁，而不是仅仅等待感官报告外部环境有什么。

生存威胁带来的化学物质"过山车"

发现潜在威胁的感觉是很奇妙的。你就像一只闻到狮子气味的羚羊，在看清狮子的位置之前不能放松。看到狮子会让你感觉好一些，因为如果看不到会更糟。我们为了获得安全感，会寻找威胁存在的证据，当我们找到时，会得到多巴胺的奖励。你还能从做对了的感觉中获得血清素水平的提升，并从与感受到同样威胁的人建立的联系中获得催产素水平的提升。这就是为什么人们在发现厄运和阴霾的证据时反而会有些古怪地感到高兴。但这种愉悦感不会持续太久，因为需要"做点儿什么"的感觉会再次主导你的注意力。即使你的求生努力——发现潜在威胁——取得了成功，你最终也会感觉很糟糕。

更大的大脑皮层有更大的威胁反应

较小的大脑皮层只会扫描它实际经历过的威胁，而像人类所具有的更大的大脑皮层则可以根据实际经历的点滴建立起联想链。你可以想象一个你无法闻到或触摸到的未来，可以想象离现实生活相当遥远的灾难场景，甚至可以想象自己离开后的世界。终有一天，没有了你，世界仍会照常运转，知道这一点并不好受，可能比你想象的还要痛苦。它是如此令人不安，以至于你会不禁想象在你离世之时世界也走到尽头。这样你就不会错过任何东西了。

我是在一次关于未来能源储备的讲座上注意到这个悖论的。当演讲者展示一张预测100年后世界能源储备的图表时，在场的每个人都不得不想象一个他们无缘参与的世界。那一刻，世界末日的预言反而更能引起共鸣——事实上，它几乎成了一种宽慰，因为想到自己能见证历史关键时刻，总好过发现自己只会是世间了无踪迹的过客。感觉自己很重要有助于减轻忧虑带来的痛苦，即使我们相信自己只对事实感兴趣。大脑皮层会寻找"事实"来让你感觉好受些。

你的大脑皮层会寻找合理的解释来验证你的哺乳动物脑的感受，以此促进生存。例如，如果你觉得世界正在走向毁灭，你就会找到世界正在走向毁灭的证据，而忽略表明世界仍在正常运转的证据。与哺乳动物脑相连的大型大脑皮层很容易得出"世界正在毁灭"的结论。⊖

你可能会觉得自己聚焦于事实，不可能如此偏颇。但实际上，在你的大脑中，指示眼睛要看什么的神经元数量是随机接收信息的神经元的十倍。也就是说，从大脑皮层向眼睛发送信息的神经元数量是从眼睛向大脑皮层发送信息的神经元的十倍。我们的大脑只会扫描筛选我们曾有过相关经验的重要信息，而不是把注意力浪费在每一个出现的事物上。

有必要来了解一下大脑皮层是如何寻找符合预期的信息的。你的大脑皮层阅读本页的方式就是一个明显的例子。它不只被动地接受信息输入，还根据过去的经验，对接下来会出现的信息产生预期。当你看到符合预期的内容时，多巴胺就会被释放出来。你会从中提取意义，并继续对下一块内容产生期待。如果某块内容与你的预期不符，皮质醇就会被释

⊖ 更多详情，请参阅我的著作《超越愤世嫉俗：战胜你的哺乳动物消极性》(Beyond Cynical: Transcend Your Mammalian Negativity)。

放出来，促使你仔细思考，用自己的方式理解它然后再继续阅读。你意识不到自己在阅读任一词语之前产生的期望，但你的大脑确实这样做了，因为如果你不产生期望，就永远无法阅读。

期望与现实

你的期望，说白了就是在预期将有某种感觉输入时你激活的神经通路。它能让你的生活充满顺畅的"意义流"。你激活哪种期望取决于你的生活经验储备，以及你此刻正在分泌的神经化学物质。

你的大脑皮层总是在预测未来可能遇到的痛苦和未来可能获得的奖励。而你不可能总能获得预期的奖励，这就成了皮质醇的另一个来源。你的大脑皮层可以想象一个让你一直快乐的美好世界，但你找不到这个乌托邦。现实往往让人失望，你也很难理解你的期望有什么用，因为你的大脑皮层如此轻而易举地产生了这些期望。

即使蜥蜴眼睁睁地看着自己的幼崽被活活吃掉，它也不会认为这个世界出了问题。它不这样想，是因为它没有足够的神经元去想象这个世界可以是另一种样子。它不懂也不会期望一个没有掠食者的世界，所以也就不会因为世界没有达到它的期望而谴责世界，不会因为无法让自己的后代活下去而谴责自己。人类则期望更多，也会为此做点儿什么。这解释了为什么我们最终总是关注自己经历的挫败和失望，而不是庆祝自己取得的成就。

> **练习：你的期望是什么**
>
> 当生活好于期望时，你会感觉很好，而当生活不如预期时，你会感到糟糕。感觉的好坏在很大程度上取决于你的期望，因此理解你的期望是非常重要的。期望是一种神经通路，它在你预期将接收到某些信息时被激活。你并不是有意识地激活这一通路，神经电流会自动流向它曾经流过的地方。你的大脑总是将感官激活的神经元与你预先激活的神经元进行比较。当它找到匹配的模式时，你就"知道"了正在经历什么，以及其对你是好是坏。学会留意你的期望，你就能更好地理解你的情绪。请留意以下例子：
>
> 某次你预感自己会受伤，结果确实感觉受到了伤害
>
> _____
>
> _____
>
> 某次你预感自己会得到奖励，结果确实感觉得到了奖励
>
> _____
>
> _____
>
> 留意到较大的期望之后，你便可以开始留意那些你在每小时内多次产生的微小期望。

当一只猴子输给对手一根香蕉后,它会心生不悦,但不会因反复思索而将问题扩大。它会转头寻找另一根香蕉,最终收获得到回报的满足感,而非被伤害的痛苦。而人类则会运用额外的神经元构建关于香蕉的理论,结果往往给自己制造出痛苦。举例来说,设想有个恶霸每年抢占你的停车位一次,到36岁时,你的大脑已储存了十几个表明世界满是恶霸的证据片段。如此一来,你大脑中的这个模板便会使你的注意力偏离人们对你友善的诸多证据。更为复杂的是,起初你可能就误解了那些停车位摩擦。难道你从未在确信自己先到的情况下被指责占了他人车位吗?当你驾车时,视线忙碌,你很容易误判情况。但由于神经电流极易沿着你习以为常的路径传导,你很难察觉到自己的错误判断。大脑有可能在有大量美好证据存在的情况下,构建出一个糟糕世界的景象。

✦ 接受不快乐的价值 ✦

喜欢寻找规律的高级大脑皮层与追求地位的哺乳动物脑、躲避危险的爬行动物脑连在一起,构成了人类的脑,所以我们最终会出现大量皮质醇警报也就不足为奇了。请记住,皮质醇既能防止痛苦,也能引起痛苦。

例如,我一走出家门,门外的蜥蜴就会赶紧远离我。这种"大惊小怪"是没有必要的,因为我并不会踩蜥蜴。但爬行动物不会因为过分谨慎而自责。误报是爬行动物生存系统的一部分。

但人类讨厌误报。我们想躲避子弹,但不想在没有子弹的时候也躲起来。我们希望我们的警报系统每次都能完美地发出警报。我在动物园看猫鼬时就想到了这一点。当飞机从头顶飞过时,猫鼬会跑去躲避,哪怕从来没有飞机试图吃掉它们。猫鼬可不是为了生活在机场附近的动物园里而进化的,它们是在猛禽可以瞬间抓住它们的地方进化而来的。它们之所以能够生存下来,是因为对特定的线索模式保持着警觉——在这里就是指飞行的捕食者。我并不是说我们应该害怕我们祖先所害怕的一切。我只是欣赏猫鼬的"自我接纳"。飞机飞过之后,它们并没有因为自己的胆怯而自责,也不会因为误报而互相责备。它们只是回到飞机飞过之前的状态:继续扫描环境中的威胁和机会。

无论谨慎还是大胆,皮质醇都能帮助你

过度谨慎往往有助于我们人类的生存。尽管我的生活环境非常卫生,但我每顿饭前仍要洗手。尽管很多时候后视镜里并没有车,但我每次变道前仍会看后视镜。尽管一个人可能从未出过事故,但他仍一辈子都系安全带。预测威胁有助于我们避免未来可能出现的痛苦。但是,过度依赖这种策略也会让你养成没完没了地洗手和看后视镜的习惯。有时,最

好的策略是接近潜在威胁并收集信息。皮质醇也能帮你做到这一点。它能让你自由地尝试新事物，并在你走得太远时发出有效警告。接受皮质醇带来的不良情绪可能听起来不太舒服，但不接受其实更糟糕——倘若你无视皮质醇警告，迎面撞上痛苦，你可能会更不快乐。所以说，你可以接受自己的预警系统，尽管它有时会对类似过去威胁的模式做出过度反应。

你可以改变和适应

当我希望自己的皮质醇停止分泌时，就会联想到那些逃离农场重归自然的猪。它们让我着迷，因为一旦它们开始靠自己满足生存需求，就会逐渐发展出野猪的特征。当它们用鼻子翻找食物时，它们的鼻子就会变大。当它们需要毛来御寒时，它们的毛就会变长。简而言之：饥饿和寒冷的糟糕感觉激发了猪的本能力量。当你了解了你对威胁的反应时，就能激发出你本该有的力量。

第 4 章

过分追求快乐的恶性循环

★
从快乐滑向失落
★

想象一下,你正在接受人类卓越研究所颁发的终身成就奖。当你的名字被念到时,台下响起热烈的掌声,你感觉棒极了!然而,几分钟后,颁奖典礼结束了,你又回到了之前的状态。为什么呢?因为你的快乐激素被重新吸收了。尽管日后回忆时你仍可品味一些余韵,但你的大脑已经恢复对潜在威胁的扫描。很快,它会泛起一些疑问:我的演讲受欢迎吗?如果我的下一个项目遭受冷遇怎么办?为什么我的朋友没有来参加颁奖典礼?如果你期望这个奖项能带来持续的幸福,那你就要失望了。

每个人体内的快乐激素含量都会下降,这驱使着所有人不断寻找刺激更多快乐激素产生的方法。这是大脑与生俱来的运作方式。即使你发现了一颗新行星,那种快乐激素激增的感觉也不会一直持续。你可以每天凝望你的行星,却再难复现初次发现它时的那种喜悦。不过,那份渴求仍在神经回路中躁动,驱使你用现有的神经回路去努力满足这种需求,这可能会激励你去寻找下一颗新行星。

但是,如果你找到的新行星和先前那颗一模一样,那么它带来的兴奋感必将大打折扣。你必须找到一颗更大的行星才能再次获得那种快乐激素激增的感觉。我们继承的这个大脑会为新信息保留快乐激素,与过去相同的旧信息则无法激发它们。

我曾在一家本地花店有过这方面——大脑对旧信息的漠视——的切身体验。推门而入的刹那,我被一股美妙的香味吸引并陶醉其中,当即决定买一束花来继续享受这种香味。在付完钱走向汽车之前,我又深吸了一口气,却惊讶地发现,几乎闻不到什么香味了!它已经不是新信息了。

> **为什么早期经历如此强大**
>
> 快乐激素的消退促使我们为了生存不断做出新的努力,但这也让我们奇怪地容易感到沮丧。人们常把这种沮丧归咎于"所处的社会",但若理解其背后的生理机制,你会发现:你的大脑总是将世界与构建你神经回路的早期经历进行比较。当

> 你年轻时，一切都是新鲜的，所以你经常会体验到某些事物是"有生以来最好的"或"有生以来最糟糕的"。这会引发足够强烈的神经化学反应，从而形成一个神经回路。但是，你再次吃同样的比萨时，它就不是"你吃过的最好的"了。你再次遭受同样的公开羞辱时，它也不是"你经历过的最糟糕的"了。生活的常态往往达不到你的期望，因为你的期望本就构建于初次接触该类信息时的强烈反应之上。

当我闻到研磨咖啡豆散发出来的味道时，我会感到一阵喜悦。但如果我向咖啡师评论这种味道，我经常发现他们不知道我在说什么。如果我怀着持续感受这份喜悦的期待入职咖啡馆，最终只会收获失望。

类似地，每种快乐激素都会以自己的方式吊人胃口，让人失望。本章将分别探讨多巴胺、内啡肽、催产素和血清素消退的情况，然后审视这些情况下产生的恶性循环——人们急于通过刺激愉悦感来驱散负面感受时，却往往陷入更深的困境。当你理解了这些冲动时，就可以建立一个与之抗衡的良性循环系统。

多巴胺的消退

多巴胺是由新的奖励触发的。这就是为什么第一口冰激凌尝起来如登天般美妙。但吃了十口之后，你的注意力就会游离，你会不自觉地开始想自己日程表上的下一件事，然后是下下件。虽然你仍然喜欢这个冰激凌，但强烈的满足感已悄然消退，因为你的大脑不再将其视为新异刺激。你的大脑已经开始寻找满足需求的新途径。旧的奖励，即使是奶油味十足、美味可口的奖励，也无法吸引大脑的注意力。科学家将这种现象称为"习惯化"。

新事物带来的喜悦

既然人脑很快就会对美好的事物习以为常，那么人如何才能保持快乐呢？哲学家们长久以来一直在思考这个难题，如今科学家甚至美食家也加入了探索行列。全美顶尖餐厅"法国洗衣房"（The French Laundry）便将有关愉悦的脑科学融入了餐饮设计。这家餐厅只提供小份的菜，因为据创始人兼主厨托马斯·凯勒（Thomas Keller）所说，一道菜只能在前三四口取悦人的味蕾。之后的摄入，就只是在填饱肚子，而不是在享受美味带来的极致体验。所以，这家坐落于加州葡萄酒之乡的著名餐厅就是通过依次呈现一道又一道量少但新鲜的菜肴，来一次又一次地激发食客的愉悦体验的。

假如你去了这家餐厅，对某道创意菜品情有独钟。想象一下，你说服厨师给你做了整整一大盘。当它被端上来后，你立即兴奋地开动。但几口之后，你就失望了。你会想他们是不是搞砸了。也许他们做得不一样了？不，其实只是因为它不再是新的刺激了，所以你的快乐激素没有反应。你很难相信你对它的感知不同了,因为你没有意识到自己的习惯化。

大脑在遇到满足需求的新方法时才会引发喜悦,比如新的食物、新的爱情、新的地方、新的技术等。然而,过了一段时间,新鲜感会退去,新事物就不再那么令人满意了。"这不是我记忆中的样子。"你可能希望用另一个新事物来代替它。但是,当你了解了大脑的运作规律后,就会意识到失望其实来自你自己,而不是事物本身。

多巴胺在生存中的作用

当你理解了多巴胺失效对于生存的意义时,就能更容易接受这一机制。想象一下,你的祖先发现了一条有很多鱼的河。他兴奋地跑回去告诉他的族人。多巴胺会激发行动能量,并强化对地点的记忆。然后它的工作就完成了。接下来,你的祖先的其他神经递质会开始起作用:

- 当他想到自己将因为这一发现而获得尊重时,他的血清素可能会激增。
- 当他想到共享大餐的快乐时,他的催产素可能会被激活。

但是,除非他找到更多的鱼,否则他的多巴胺水平就会下降。他会努力寻找更多的鱼,因为他记得那种感觉有多好。

面对多巴胺低谷

当多巴胺水平下降时，人体内皮质醇的作用会突然明显起来，使人们对威胁更加敏感。为了消除这种不适感，人们希望找个法子"做点儿什么"。而根据经验，人们知道，即时的快感刺激源能起作用，哪怕其效果只有一会儿。这种行为困境在赌场青少年案例中尤为典型。初次赢得50美元时，多巴胺激增使他的大脑学会预期从赌博中获得良好的感觉。下次他感觉不爽时，赌博的想法就会出现在他的脑海中。但是当他再去赌博时，那种美妙的感觉并没有再度出现。不过，他仍然期待着，所以继续赌博。很快，他就为输光了所有的钱而感到绝望。这种痛苦的感觉进一步驱使他寻找能让自己感觉好点儿的办法，这激活了更多关于赌博的想法。任何年龄都可能养成赌博习惯，但年轻的大脑更容易建立起足够庞大的神经回路来经受多次失望。

即使是重复健康行为，多巴胺也会消退。想象一下，一个女孩赢了拼字比赛。她突然感受到比以往更多的尊重（血清素）和接纳（催产素）。她想要再次获得那种美好的感觉，所以花了很多时间学习拼写单词。每次她在脑海里搜寻并找到一个单词的正确拼写时，她的多巴胺都会被激发出来，因为她将这个行为与一个大的奖励联系在一起。持续分泌的多巴胺分散了她对负面情绪的注意力。在一个充满不可控威胁的世界里，这种可控的愉悦——只要拿起一本字典就能随时收获美好的感觉——还是很不错的。但总有一天，这个习惯的奖赏效应会衰减。如果这个女孩赢了更多的拼字比赛，那种兴奋感也终究会减弱。为了获得更多的兴奋感，她会将目光投向新的目标、新的奖励。无论是校园才艺展示还是医学院申请，每个阶段只要在她的认知中与需求满足形成关联，就都会触发多巴胺。

无论你将多巴胺与健康还是不健康的需求满足方式联系在一起，它最终都会消退。就像第 2 章提到的那些获得果汁奖励的猴子一样，你的大脑会把你拥有的"果汁"视为理所当然的，而不是产生更多的快乐激素。但是，如果你习以为常的"果汁"消失了，你就会非常不开心。管理这样一个大脑并不容易，但这正是生命赋予你的责任。

不断追逐"初次的高峰体验"

我们的大脑会不断追逐"初次的高峰体验"，无论是天然快感还是人为刺激。人为刺激会建立庞大的神经回路，并产生严重的副作用，但即使是天然的欣快刺激源，如果被过于频繁地使用，也会有一定的副作用。人们总在不计后果地重复一个寻求快乐的习惯，因为快乐激素的消退会导致皮质醇效应显现。无论你是在寻找下一杯鸡尾酒还是下一个职业晋升机会，只要你开始寻找，你的多巴胺就会分泌，但当你得到目标物时，它却并不像你预期的那样令人兴奋。

追逐带来的快感

追逐带来的快感远超你的想象。如果你觉得吃一个甜甜圈会让你感觉不错，那么当你在甜甜圈店附近寻找停车位时，你的多巴胺就已经开始释放了。这与觅食是同样的心理活动：扫描周围的世界来寻找通向奖励的线索。当你找到一个停车位时，你的多巴胺就会飙升。但当你最终拿到甜甜圈时，多巴胺却会迅速消退，因为它已经完成了它的工作——驱动目标导向行为，而非维持奖赏体验。

电脑游戏之所以诱人，就是因为这种追逐的冲动。但是，如果你一遍又一遍地获取同样的奖励，很快就会厌倦。因此，电脑游戏的设计常聚焦于"闯关升级"。你之所以感到兴奋，是因为正在接近一个新的奖励，即使它并不能满足任何实际生存需求。

还有一些设置也能激发追逐的快乐，比如博物馆和购物中心。如果它们总是一成不变，就会失去吸引力，所以它们会不断引入新的展览和商品。如果你也曾对购物中心、博物馆或电脑游戏失去兴趣，你可能会认为是它们的品质下降了："它不像以前那么好了。"你没有意识到变化其实发生在你身上，你的大脑没有新信息可处理，就不再释放多巴胺了。

收藏是一种很流行的爱好，因为它能解决多巴胺消退造成失落感的问题。收藏家总有东西可追求。当他找到所追求的东西后，会通过开始下一个追求来避免多巴胺消退。对一件东西的搜集，会使你产生许多"需求"等待满足，你必须加工和处理很多细节信息，所以你的大脑总能从不快乐中转移注意力。你还可以与其他收藏家建立联系，以刺激催产素。如果你比其他收藏家更胜一筹，你还会享受血清素带来的愉悦。收藏家永远不会说："我不需要别的了。我就喜欢我现在的收藏。"你必须不断追求才能持续刺激多巴胺释放。

规划一个项目也会触发多巴胺。像举办派对、房屋改造或生活转型这样的大工程，其中的每一步都会让人兴奋不已，因为你已经将项目目标与你的需求联系在一起。多巴胺会帮助你克服长期项目中不可避免的挫折。但是一旦派对结束或房屋改造完成，你的多巴胺水平就会回落。你不知道自己为什么失落，你会想也许是哪里出了问题。事实是，如果你开始一个新项目，就会感觉好一点儿。

旅行也是一种很好的多巴胺刺激物。它用新的输入轰炸你的感官，你必须接触和理解这些新的信息，才能在旅行中开阔眼界，成为一个见多识广的人，哪怕只是完成像吃早餐这样简单的任务，你都会接收到新的信息。计划开展一次旅行会刺激你的多巴胺，因为你会在脑中隐隐期待着到达目的地时的美妙体验。当你到达那个有着完美的蓝白相间海岸线的热带天堂时，你会感到兴奋不已。但几分钟后，你就忙着找你的牙刷了。第二天早上，当你醒来看到所处的地方时，可能会再次感到兴奋。但随着时间推移，你又变回了度假前的自己。

多巴胺推动了人类的成就进程。为了寻找合适的灯丝，托马斯·爱迪生不眠不休地做实验；为了治愈疾病，研究人员花大量时间筛选和处理研究材料。当他们达成既定的目标后，往往又会开启新的探索征程。我们的大脑本就不是为了安于现状而设计的，不会无缘无故地产生兴奋感。这种神经递质在短暂激增后就会消退的特性，正是驱动我们不断行动的原始动力。

浪漫爱情也许是多巴胺失效最常见的例子。当人们"坠入爱河"时，往往意识不到自己正处于一种由多巴胺驱动的长期追求的兴奋状态。但是一成不变的奖励并不能让多巴胺一直活跃。它终究会消退，然后不快乐激素就会占据主导地位。你可能会把负面感受归咎于你的伴侣。你可能会抱怨你的伴侣"不再是以前的他/她了"。你甚至可能觉得一个新的伴侣会让你重获愉悦，因为上一个新伴侣就在你脑中引发了一次多巴胺的激增，为你建立了一个这样的神经回路。但是，如果你总是追求新恋情带来的兴奋感，可能会陷入一个恶性循环。

> **练习：你的多巴胺何时会消退**
>
> 在你品尝你觉得最好吃的布朗尼蛋糕时，第二口的体验永远无法复刻吃第一口时的极致愉悦。第一口会触发多巴胺激增，但随即这种激增就会消退，哪怕你接着吃完整个布朗尼，也阻止不了多巴胺的消退。你的大脑会把多巴胺留给新的信息，而不是把它浪费在重复的奖励上。当你从某个特别的人那里得到一个微笑，或者获

得一次不错的职业晋升时，情况也是如此。你的多巴胺起初会激增，但持续的奖励不会触发持续的多巴胺分泌。当你的多巴胺水平回落时，你会感觉要么是外界有问题，要么是自己有问题。当你知道你的大脑是在为新事物腾出空间时，这种失落感就没那么有威胁了。请留意你在下列时刻的多巴胺消退情况：

曾经令你兴奋的某事物不再带来同样的刺激

_____

_____

你得到某样东西后，发现它没有你预期的那么好

_____

_____

你实现了一个追求已久的目标后，转头又被某个新事物吸引

_____

_____

内啡肽的消退

内啡肽带来的欣快感总是会在短时间内消退，因为这有助于生存。能掩盖疼痛固然很好，但你需要感受到疼痛才会

采取行动来缓解它。如果你期望从内啡肽中获得持续的欣快，那你会失望的。

运动能触发欣快感，但如果你总是重复同样的日常运动，就不会获得和第一次一样的感受。你需要增加运动量到疼痛的程度才能刺激内啡肽。如果一个人想采取极端的方式伤害自己来获得内啡肽的激增，就会需要越来越多的疼痛才能获得同样的欣快感。

挨饿会刺激内啡肽，但你必须越来越饿才能持续获得内啡肽的释放。挨饿之所以能刺激内啡肽，是因为它曾激励我们的祖先在食物匮乏时期去觅食。空腹觅食的能力有助于生存。如果你饿了好几顿，你可能会开始感觉有点儿亢奋。一旦你吃了东西，这种亢奋的感觉就会消退，但你还是会吃东西，因为你知道营养对生存是必要的。

自伤并非快乐之道

伤害自己的身体来享受内啡肽是一条错误的通往快乐的路。它只能导致一个悲惨的恶性循环，在这个循环中，你需要不断经历更多的痛苦才能获得同样的内啡肽激增。这种内啡肽失效的循环能帮助我们理解为什么那些自伤的人似乎倾向于让自己伤得更重。当内啡肽的"麻醉作用"结束时，你会突然地直面起现实。你可能不喜欢你的现实，并因其而感到痛苦，但我们不应该忽视痛苦，除非在短暂的紧急情况下。

我们注定要与内啡肽的消退共存。

如果你平时的运动锻炼很少，那你确实应该多去运动。但是，如果你总是指望着一开始从运动中获得的那种内啡肽之乐，你可能会坚持不下去。即使没有内啡肽，运动也会带给你良好的感觉，它会让血液充满氧气，而这些氧气会被输送到你的大脑中。如果你固执地坚持一定要运动到内啡肽高潮的程度，你会受伤的。我们的身体本来就不是靠自虐来获得内啡肽高潮的。疼痛是对迫在眉睫的生存威胁的警告。在过去没有急诊室和麻醉剂的世界里，怕疼的本能会让人们自觉远离危险行为。

药物与内啡肽

鸦片衍生物（opium derivatives，如海洛因、羟考酮、吗啡、可待因）会刺激人体释放内啡肽，但同时会产生严重的副作用：

（1）它们会破坏人体天然的快乐激素运作机制。
（2）它们会掩盖人的所有疼痛，使人忽视自身的危险而来不及自救。
（3）人体会对它们产生耐受性，于是需要使用更多药物才能获得相同的效果。有害的副作用会迅速累积，导致更多的不快乐激素、更强烈的使用冲动，从而使人陷入恶性循环。

社会性痛苦不会触发内啡肽，但内啡肽的欣快感能够掩盖社会性痛苦。正因如此，许多人会通过承受身体疼痛来换取片刻的心理麻痹，以暂时遗忘社会性痛苦。可悲的是，这种饮鸩止渴的行为最终会导致更多更沉重的痛苦。

> **练习：你的内啡肽何时会消退**
>
> 　　内啡肽是为应付紧急情况而进化来的。内啡肽带来的欣快感不会持续太久，因为我们需要疼痛感来指导做出正确的生存决策。如果你通过自伤人为地刺激内啡肽系统，你的身体就会重新定义什么是紧急情况。如果你想继续获得内啡肽高潮，就必须让自己承受更多的疼痛。而当内啡肽水平自然回落时，现实境遇将会重新占据你的注意力。这种神经觉醒机制本质上是大脑保障生存的进化智慧。如果能一直笑着维持内啡肽高潮当然很好，但你最好知道，内啡肽消退是正常现象，而且你生来就有能力应对随之而来的现实状况。可以在以下时机留意你的内啡肽消退情况：
>
> 　　某次锻炼过程中你感觉很不错，但后来意识到自己练过头了
>
> _____
>
> _____
>
> 　　一个尽管你依然喜欢，但不会再让你开怀大笑的笑话
>
> _____
>
> _____

> 一次因延迟用餐而产生的轻微发晕的感觉
>
> _____
>
> _____
>
> 一种不再像以前那样有效的止痛药
>
> _____
>
> _____

✦ 催产素的消退 ✦

理解催产素消退的一个好方法就是想象自己在接受按摩。最初的几分钟你感觉非常美妙。然后你的思绪就会飘走，你甚至可能会忘记正在接受按摩。当然，你还是会觉得舒适，但爆发的催产素已然消退。如果你不知道人脑会对事物习惯化（即使是面对很棒的事物），你就很有可能会将此现象归咎于按摩师操作不佳。

新生儿在出生时就会释放催产素，以缓解来到这个世界的压力和不适。但很快你就会需要更多催产素。动物会舔舐它们的幼崽，人类则会抱起婴儿，以诱导催产素的释放。催产素的流动使孩子能够信任父母，并在类似的情况下释放催产素。如果能一直享受那种感觉固然很好，但如果你无条件信任所有人，就会接受陌生人给的糖果，最终可能会在陌生人那里上当受骗，陷入危险。催产素的闸门在开启后必须及时关闭，这样你才能根据社会环境的新信息动态调整反应。

信任崩塌与催产素消退

催产素保护了你的祖先，使他们不会因为被惹恼而离开部落，从而免受独自在荒野中会面临的危险。如今，催产素也在保护你，使你不会因为同事对你皱眉头而愤然辞职，不会因为亲戚对你最近的冒险行为指指点点而离家出走。当你的催产素充沛时，你更容易淡忘过去的失望和背叛。

但是，当一阵催产素的分泌逐渐停止时，过去的失望就会突然变得更加明显。你可能会对威胁非常警觉，以至于微小的语气变化都会让你感受到攻击。当催产素营造出来的泡沫消失时，社会威胁似乎变得更大了。

孩子们在操场上学习社会信任。当他们得到支持时，这种良好的感觉会激励他们期待从同样的地方得到更多的支持。而当他们的皮质醇被触发时，他们就会知道在某些方面不能期望得到支持。如果一个同学帮你做家庭作业，你会感觉很好，一条通向你的催产素的神经回路就这样形成。但是如果一个你原本信任的同伴坚持抄你的作业，你就会陷入道德两难困境。

不健康的社会联盟与催产素消退

催产素催生了社会纽带,但这一纽带也导致了帮派、战争、受虐配偶综合征,以及为保护盟友免遭罪责而作伪证等现象的出现。有时人们会做出极端的事情来维持他们的催产素纽带,因为当催产素水平下降时,他们会感觉自己的生存受到了威胁。

我的祖父母来自西西里岛,那里的黑手党用暴力威胁来建立社会纽带。黑手党通过承诺提供保护使你免受暴力来营造安全的假象,前提是你要合作。然而,你也不是一直安全的,因为掠夺者可能会把你视为猎物而不是盟友,如果他们需要的话。你会明白你不能相信任何人。这种孤立感会让你感到非常危险,以至于你急于信任那些提供了保护和做出善意姿态的人。这就导致了一个不良的催产素循环。

在我长大的过程中,没有人提到过黑手党,我以为它是好莱坞虚构的东西。但当我研究家族的文化血脉时,却震惊地发现了我的祖先们悲惨的生活。在一个充满暴力的文化中生存,意味着每时每刻都要在不合作的生存威胁和合作的生存威胁之间做出选择。信任听起来像是一种美德,但信任一个期望你完全屈服于他的掠夺者反而可能会危及生存……或者也可能会带来生机。这种不确定性令人不寒而栗。

帮派是催产素消退现象下的一个特别悲惨的例子,因为其中涉及了年轻人的大脑。年轻人加入帮派是为了免受攻击,但最终却遭受了更多的攻击。这种冲动在动物身上很容易理解，共同的敌人使哺乳动物群聚在一起，尽管它们内部也会发生攻击：

- 一匹斑马经常被同伴咬，但它还是留在族群中，因为如果它离开，狮子会很快吃掉它。
- 猴子和大象尽管在族群中受到了严酷统治，但还是留了下来，因为如果它们离开，它们的幼崽就会被活活吃掉。
- 甚至狮子和狼也会坚持留在它们的族群中，因为如果它们单独行动，它们的食物就会被敌对的族群偷走。

帮派就像兽群一样，尽管内部存在巨大的攻击，但帮派成员还是团结在一起，因为他们更害怕外部的攻击。一个帮派需要敌对帮派的攻击来维持与成员身份相关的安全感。催产素让你感觉成为"帮派一员"真好，直到下一次背叛发生，冲突就这样不断循环。

受虐配偶综合征和受虐儿童综合征是类似的催产素消退现象下的悲剧。受虐者有时会为施虐者掩饰，而不是为了自己的生存站出来。他们会为自己辜负了对方的信任而自责，并拼命寻求重新获得信任的方法。他们不是与其他人建立新的信任，而是继续试图与施虐者重建联结，因为他们的神经回路使他们仍然期待从施虐者那里获得昔日的美好感觉。

另一个与催产素消退有关的例子是寻找酒友的酗酒者。人们会从他们期望给予信任的人那里攫取信任。吃货与吃货结盟，"购物狂"与"购物狂"结盟，"暴脾气"与"暴脾气"互为知己。这些纽带让你在喝酒、购物或发怒时仍能维持虚幻的自我认同。但是当你决心戒断恶习时，可能会震惊地发现这些盟友并不支持你。他们甚至可能会破坏你摆脱嗜好的努力。许多人最终会选择继续沉沦，而不是割裂自己的友谊。他们告诉自己，他们的"朋友"能带给他们宝贵的慰藉。当然，因为催产素的回落，这种信任构筑的美好、安全的感觉终会消散，于是他们不断循着旧日路径，在扭曲的社会联盟中寻求庇护。

每个人的生活中都会经历信任缺失的痛苦。我们都在社会纽带中寻求安全感，但偶尔也会发现自己并没有想象中那么安全。因此，不断更新你对社会联盟的认知很重要。你会发现，你能够做出的选择远比你意识到的多。如果你执迷于不计代价地维持高催产素水平，就可能会忽视真正的威胁。催产素消退的感觉很糟糕，但它能够让你清醒地评估周遭的世界，做出真正有利于生存的抉择。

大家庭的幸福幻想

你可能认为良好的育儿方式可以让大脑产生源源不断的催产素。或者你可能认为如果你被某个特定群体接受，就会享受无尽的催产素。如果能一直拥有归属带来的安全感，那该有多好啊！人们忍不住憧憬一个能实现这一点的乌托邦。但现实总是实现不了这个梦想，因为人是哺乳动物。

如果你的父母在你年轻时把你的需求放在首位，当你发现世界其他地方不是这样对待你时，失望就会袭来。而如果你的父母本就不值得你信任，那么你会更早地体会到失望。不管怎样，催产素的消退虽令人痛苦，但它能让年轻的哺乳动物将依恋从母亲转移到同伴身上，从而完成物种繁衍的进化使命。

融入群体

你可能曾梦想加入一个能让你永远感觉很好的群体，而当你最终被它接纳时，却又会感到梦想幻灭。你很容易把远处的人理想化，尤其是那些你希望得到他们保护的人。一旦被接纳，你就会发现这些人也是哺乳动物。你可能又开始认为另一个群体或组织会让你永远快乐。这可能会导致一个恶性循环。建立新的回路来激发你的催产素将有助于打破这个循环。

了解你的群体

大多数物种都有独特的标记，可以立即将成员与非成员区分开来。一只臀部有一条黑色条纹的羚羊，可以立即将自己与

> 有两条黑色条纹或一黑一白两条条纹的羚羊区分开。这样它就能避免跟着错误的族群进入一个不适应的生态位。人类也有类似的"身份标志",包括流行的穿戴打扮、身体的特征和从小养成的言谈举止。

群体内部的冲突是不可避免的,因为每个成员都有一个为促进自身基因延续而进化出来的哺乳动物脑。动物宁愿留在充满内部冲突的群体中,是因为外部冲突的威胁太大。你越觉得外面的生活危险,就越能忍受群体内的烦恼。每次你与群体疏远,你的催产素就会消退,并提醒你孤立的威胁。

催产素水平的下降是正常的,尽管这会让人不舒服。信任虽好,但过度信任可能会威胁到生存:

- 试想一个孩子太长时间依赖父母给他系鞋带和切肉……

- 试想一个学生依赖别人帮他做家庭作业……

- 试想一个人总是依赖他的伴侣为他处理现实事务……

信任带来的美好感觉可能会使你忽视或者忘记培养自己生存所需的技能。你可以通过依赖别人来避免自己的短板带来的不好感觉,但这样最终可能会使你产生更多的挫败感。这会引发一种想"做点儿什么"的冲动,而你可能会通过再次依赖别人而不是学习技能来应对。

> **练习：你的催产素何时会消退**
>
> 当你离群体太远时，催产素水平就会下降。无论是他们把你落下了还是你自己迷了路，这种下降都会提醒你缺乏社会支持。你会突然感觉自己在独自面对生存威胁。倘若能一直享受社会支持的温暖那当然很好，但如果你每时每刻都和群体待在一起，就会错过其他东西。我们生存的目的是找到满足我们需求的最佳方式，而不是一味地跟随他人满足他们的需求。失去支持是令人痛苦的，但我们不应一直享受催产素。我们注定要在对社会支持的渴望和其他的长远需求之间取得平衡。你可以学会注意自己在这方面的技能，留意以下例子：
>
> 某次你因缺乏社会支持而感到面临危险时
>
> _____
> _____
>
> 某次你对自己的社会支持失去信任时
>
> _____
> _____
>
> 某次你放弃社会支持去寻求其他奖励时
>
> _____
> _____

血清素的消退

当你获得别人的尊重时,你的血清素会激增,它会促使你的大脑期待通过类似的情况获得更多美好的体验。但过了一段时间后,同样的尊重就不再让你兴奋了。你会根据过去的经验寻找获得更多尊重的方法。有时,尽管尽了最大的努力,你还是无法获得所寻求的尊重。

当其他人陷入寻求认可的困境时,你很容易就能看出来——尤其是当这个人是你不喜欢的人时。你会发现他们对地位的追求很快会激发更大的追求。但你很难注意到其实你自己的大脑也陷在这种自然的追求中。大脑在最近一次的血清素喷发消退后,会立即产生对更高社会地位的渴望,我们可以在动物身上很好地理解这一点。猴子为了一根香蕉而费劲维护自己的地位或权力后,很快就会把食物消化掉,它必须再次努力维护自己,以便为它的孩子们蓄足奶水。

对社会重要性的追求

当你去商店或餐馆时,售货员或服务员会对你表现出一种你在其他地方得不到的尊重。大多数时候,你周围的人都像你一样坚信自己的重要性。如果你指望一直从别人的尊重中获得良好的感觉,那你最终可能会失望。

当你看到人们在饭馆争抢"最好"的桌子时，你可能会认为他们很愚蠢。毕竟，你知道座位安排并不关乎生存。但当你没有得到一个好座位时，就不会这样想了。你的哺乳动物脑总是在监测你的社会地位并做出反应。它进化的目的可不是让你觉得"我现在已经足够重要了，我可以放松了"，而是不断改善你的生存前景。所以，我们会看到：

- 一个经常购买最新潮流物品的人在别人赶上时会感到沮丧。

- 一个得到了梦想中的工作的人很快就会把目光放到下一个梦想中的工作上。

- 一个想要拯救世界的人会发现世界有越来越多需要拯救的地方。在意识中觉得世界看起来糟糕有助于他更认可自己的贡献。

- 一个爱操控他人的人希望他人更快地服从自己更随意的命令。

追求他人对你的尊重，既能产生积极的结果，也能产生消极的结果，人类的许多成就就是由这种追求促成的。但是，无论你是如何获得你的地位勋章的，良好的感觉很快就会过去，你会渴望一个更高地位的勋章。当你的血清素水平回落时，你可能会感觉不太爽。当你得到你追求的地位勋章时，就会感觉生活还不错……但也只是一会儿。

你可能认为只要你的诗歌在《纽约时报》上发表，你就会获得永久的幸福，但如果真的发表了，你的大脑很快就会开始寻求下一个认可。大脑根据一次经历学会了以一种特定的方式确认自己的重要性，然后它会寻求更多这种感觉。当马龙·白兰度在《码头风云》中哀叹"我本可以成为一个有竞争力的人"时，你相信如果他赢得了拳击冠军，他就会快乐。但更有可能的是，真要赢了，他又会盯上更大的目标。当你观看《唐顿庄园》或《权力的游戏》时，你可能会在意识层面上讨厌权贵，但你的镜像神经元却沉醉于那种掌控感，所以你会忍不住一集接一集追下去。

我们经常听说好莱坞明星在过气后一蹶不振。以前我总想不通："他们都拍过大片变得那么出名了，还不能一直快乐吗？"现在我明白了，爆红带来的颅内高潮会让大脑尝到甜头，从而认准以这种特定的方式寻求快乐。如果你最终获得苦果，你不明白其实是自己的大脑造成了失望。你可以责怪行业的残酷、公众的善变和管理的无能，但你终究没有意识到你的大脑已经习惯了以之前可行的旧法子寻求血清素。

这种情况在个人生活中和在电影中一样普遍。每个人都以自认为有效的方式向周遭索取尊重。有些人为了这种心理满足感，将自己的意愿强加给别人。当快感消退时，他们会故技重施。如果他们始终得不到想要的臣服，又没有血清素带来的精神亢奋来直面现实，他们就会崩溃。

拯救他人是一种常见的寻求尊重的方式。比如，让自己成为英雄，这能让你感觉自己很重要，还能帮助你避免冲突，以免削弱尊重。但良好的感觉很快就会过去，你必须再去救人。拯救者可能会因为过于渴望显得很英勇而奖励别人的不良行为，于是造成更多的不良行为，而拯救者可能会将其解释为对他们的更多拯救之举的需要。与成瘾者"相互依赖"的伴侣就是我们最熟悉的例子。一些成瘾者的配偶或父母最终会助长成瘾者的成瘾行为，但这些配偶或父母会一直这样做，因为拯救他人是他们的大脑学会的感觉自己很重要的方式。

赢得更高地位的人的爱是另一种常见的激发血清素的策略。我们不会有意识地将爱情和地位混为一谈，但当一个合适性别的高地位的人注意到你时，你的大脑就会兴奋起来。即使是以性活力著称的倭黑猩猩，也会激烈地竞争高地位的伴侣。然而，一旦那个战利品伴侣属于你，你的血清素就不再激增。只有找到一个地位更高的恋爱对象，它才会再次激增。也许你会克制住这样做的冲动，但你确实可以常常看到其他人屈服于它。拥有一个众人追捧的配偶会让一个人感觉很好，这会使大脑期望通过再次获得一个高地位的配偶来体验这么好的感觉。有些人不顾副作用，重复着这个循环。

追求地位不是新鲜事

血清素消退带给人的感受常常被人认为是"所处的社会"造成的，但其实地位挫败感在每种文化、每个时代都很常见。过去的一些文化会默许主人凌虐仆从，认可婆婆用赤裸裸的专制型相处模式压得儿媳喘不过气。部落社会顶着"平等"的光环，背地里却等级森严。所谓合作，往往是因恐惧惩罚而屈从社会规训。你可能会幻想，如果你生活在另一个时代或地方，就能一直享受血清素的高涨，但如果你真的到了那里，就会发现那里的人和你一样，仍然活在哺乳动物的生存规则中。

社会优势地位之所以会吸引你的注意力，是因为在原始自然中它有助于你的基因存续。一旦哺乳动物的基本生存需求得到满足，它的思维就会转向社会进阶，从保障孩子的福祉到吸引更强大的配偶，都源于此。不断努力、永不满足的哺乳动物更有可能生存并传递它们的 DNA。这就是为什么现代人会对松弛的皮肤或孩子的挫折感到焦虑不安。任何不利于获得尊重的小障碍都像生存警报般令人坐立难安。

每个人都可能有一个比自己过得好的表亲。明明你过得也不错，可一想到那个表亲，你的血清素水平就会下降。或许你从小听惯了父母与人比较，哀叹他们自己的处境，这让你潜意识里总觉得自己"不如别人"，时常感受到威胁，无法安心享受当下拥有的一切。

血清素消退的健康一面

每个大脑都在用年轻时建立的神经回路寻求血清素。然而，没有能带来无尽血清素的回路。如果你成长于高压环境，就会发展出应对打压和支配的神经回路。而如果你自幼活在追捧中，就会发展出另一种模式的神经回路。无论你的大脑给你设定了什么样的期望，你追求尊重的路上总难免碰壁。但学会处理这种失落感，比逃避它更有助于你的生存。就像孩子们未能入选球队或者邀请不到舞伴时，我们会教导他们再试一次。寻求认可是人类健康生活的一部分，哪怕有时会撞上南墙。

你可能会宣称不在乎地位，以此来保护自己免受血清素消退带来的失落感，但无论你怎样想，你体内的神经化学物质都会对你的地位变化做出反应。你的反应受你所处的时间和地点影响，因为你学会了在你的世界中怎样才能获得尊重。如果你生活在另一个时代或地方，你可能会为了捍卫荣誉与人决斗，或者闭门不出以保全体面。如今，你可能因自认为拥有更高的觉悟和认知水平而有优越感，觉得自己理应处于优势地位。当你看到认知水平比你低的人获得尊重时，那种被触发的焦躁感可能会让你觉得自贬身价。而当你确实得到了渴望的尊重时，"高认知水平光环"也不会带来永远的快乐，你的大脑很快就会制订出获得更多尊重的计划。

练习：你的血清素何时会消退

如果你是小池塘里的大鱼，你会一直享受优势地位。然而，一旦你听说有一个更大的世界，里面有更大的鱼，你的血清素就会消退。一种要"做点儿什么"的感觉会一直困扰着你，直到你找到提升地位的方法。血清素的消退让你保持追求。它驱使你的祖先找到更好的剥猛犸象皮的方法并向别人"炫耀"。你可能确信当你的重大突破到来时你就能永远幸福，但到目前为止，你实现的每一次突破都让你渴望新的突破。在别人身上很容易看到这一点，如果你能在自己身上看到，则会对你有所帮助。学会注意到自己血清素的消退，哪怕抓不住那份溜走的优越感，也能帮你避开危机与恐慌感。你可以试着留意以下情况：

你看到有人获得了优势但他很快就失去了兴趣

_____

_____

某次你获得了优势但很快就失去了兴趣

_____

_____

你渴望新的优势并为此付出了高昂的代价

_____

_____

快乐习惯帮助你应对失落

如果你在被狮子追赶时爬上一棵树救了自己的命,你的大脑就会学会对树生出好感。从你的哺乳动物脑的角度来看,任何将不好的感觉转变为好的感觉的东西都是救命稻草,会建立一条大型神经通路。如果你生活在一个到处都是狮子的世界里,你就会一直寻找树。现在你并不生活在那样的世界里,你同样会寻找任何曾经在你感觉不好时让你感觉好一点儿的东西。这些就是你的"快乐习惯"。它们不是有意识的选择,而是大脑认为能带来好心情的途径。当然,好的感觉不会一直持续,所以我们最终会变得经常依赖我们的快乐习惯。

分心往往是快乐习惯的核心。分心可以中断产生难受感觉的神经通路的电流,以此让你感觉好一点儿。如果你闻到了狮子的气味,并且想用香水来分散自己的注意力,这时分心肯定不会起作用。但大多数时候你不是在面对狮子,而是在面对(快乐激素消退造成的)失落的刺痛。任何能转移你注意力的东西都像是救命稻草。例如,如果集邮曾经分散了你对坏情绪的注意,你的大脑就会建立起这样一种联系,预期能从集邮中得到解脱。

为什么旧习惯难改

我从一位帮助人们戒烟的催眠师那里了解到习惯的古怪之处。他让我想象一个年轻的男孩在一个派对上。男孩看到一个女孩,想和她聊天,但他很害怕。他试着抽了一支烟让自己镇定下来,这确实有效!女孩回应了他的好感,他的快乐激素流动起来。这个奖励是巨大的,因为它与"成功繁衍"密切相关。神经化学物质的激增在他的哺乳动物脑中建立了一个强大的联系,即香烟能促进生存。当然,男孩不会在表层意识中这样想,但下次在他面临"生存挑战"需要信心时,他的大脑就会产生抽烟的念头。每抽一支烟,这条神经通路就会得到一次强化。

几年后,当他试图戒烟时,他曾在那个派对上体验到的不安感就会涌起,因为没有了吸烟的缓解路子,这种不安感无处可去。当他抵制吸烟的冲动时,内心的哺乳动物本能就会感觉他在威胁自己的生存。他必须养成一个新的快乐习惯才能摆脱旧习惯。

分散自己的注意力

快乐习惯让你的受威胁感有了去处。如果你很久以前因为数学成绩不好而感到沮丧,那时任何能让你感觉好起来的事物都会在你的大脑中建立一条神经通路。如果你去参加一个派对并且乐在其中,你的大脑就"知道"了当你感觉不开心时，派对会让你开心。在意识中，你知道派对并不能解决你的问题，提升你的数学成绩，但当不良情绪再次袭来时，你指向派对的脑回路就会被激活。每参加一次派对，都会让它变得更强大。

当你必须有所行动时，分散注意力不是一个好的生存策略。但是当你被旁边的同事惹恼时，最好不要采取行动。当你的大脑尖叫着"做点儿什么"时，分散注意力让你有事可做。它帮助你遏制住威胁感，并给你一种你在拯救自己生命的感觉。

习惯的副作用

每个习惯都有副作用，你越沉溺，副作用就越大。起初，副作用可能很小，所以你很容易对自己说"这只是一块小饼干""这只是一小杯酒""这只是一点儿挥霍""这只是一点儿愤怒""这只是一点儿休息时间""这只有一点儿风险""这只是一个小派对""这只是一个小项目""这只是一点儿自信心增强剂""这只是一个小谎言""这只是一点儿竞争"。

> **什么都不做**
>
> 你能一下子就打破一个恶性循环，只需要什么都不做。这可以让你的大脑明白，没有旧习惯，你并不会死。你会明白威

> 胁感不会杀死你。你什么都不做，不做往常会做的那些事情，而是径直忍受威胁感，从那一刻起，一个良性循环就开始了。

如果快乐习惯没有副作用那固然是极好的，但正因有副作用，快乐激素才进化出其功能。最终，当副作用积累到足以触发你的皮质醇时，你会因为你用来缓解威胁的行为而感受到威胁。此刻你就陷在一个恶性循环中。我们可以在10秒内就想到10个恶性循环：垃圾食品、酒精、情爱、发脾气、玩游戏、过于重视获得认可、购物、沉迷电子屏幕、对别人指手画脚、退缩、职业晋升、取悦他人、攀爬险峰、喜欢当"救世主"、吸烟。(已经超过了10个，但我根本停不下来。)你明知你的快乐习惯会导致痛苦，但当你想提振一下状态时，总忍不住依赖已有的习惯。而当你抗拒这条途径时，你会觉得生存受到了威胁。

如何建立一个良性循环

走向更快乐的习惯的第一步是，当你的皮质醇开始给你制造威胁感时，你什么也不要做。什么都不做违背了你身体最深处的冲动，但它使你有能力在生活中做出改变。只要你什么都不做，你就有时间产生一个替代方案。起初，所有替代方案看起来都没有你之前的习惯那样好，但如果你给一条新的神经通路一个成长的机会，真正有益的大脑期望就会在之后建立起来。每次你将电流转向新的方向，都能加强你的新回路。这一切都始于你能接受一会儿消极的感觉，而不是急于让它消失。

如果能有一个立即使人感觉好受的替代方案，固然很好。但只有那些对哺乳动物本能有吸引力的行为，比如吃一个热巧克力圣代、被你年少时的偶像亲吻、大家纷纷起身为你鼓掌，才能立即带给你快乐。每时每刻都获得瞬时的兴奋是不可能的，尽管有些事情不能立即让你开心，但好在你可以通过重复来建立一条通往快乐激素的神经通路。当你了解了你的大脑是如何工作的时，你就可以养成更多好的快乐习惯，减少其副作用。你不需要多么自律高洁就可以开始一个良性循环。后面的章节将向你展示如何做到这一点。

练习：我所知道的恶性循环

快乐习惯来自以往你用来缓解威胁感的神经通路。当你戒掉一个能带来快乐的习惯时，那种威胁感会再次涌起，你会觉得你在威胁自己的生存。如果你屈服于这种冲动，旧的回路就会加强。如果你什么都不做，你就为一个新的回路的成长创造了空间。你可以学会留意自己在日常生活中用快乐习惯缓解威胁感的冲动。当你知道你的威胁感只是神经元之间的一种连接时，就可以自由地建立新的连接。请在生活中留意：

你认识的某个人通过某种习惯来缓解受威胁感

_____

_____

他的习惯的副作用

_____

_____

你自己用来缓解受威胁感的习惯

_____

_____

你的习惯的副作用

_____

_____

第 5 章

你的大脑如何建立神经连接

●
重塑你的神经连接
●

你出生时拥有大量的神经元,但那时它们之间的连接非常少。神经元之间的连接是在你与周围世界互动时建立起来的,它们造就了今天的你。不过,你可能想要稍微重塑一下你的神经回路。这看起来应该很容易,因为你在年轻时毫不费力地就建立起了这些回路,但令人惊讶的是,成年后建立新的回路却非常困难。你的旧回路效率极高,以至于避开它们会让你感觉自己的生存受到了威胁。相比之下,你建立的新回路就显得脆弱不堪。这就是改变如此困难的原因。

了解大脑实际上是如何建立神经连接的,会对你有所帮助,这正是我们将在本章讨论的内容。当你能够理解创建新通路的难度时,你就能为自己的坚持喝彩,而不是苛责自己进步缓慢。

大脑建立连接的五种方式

作为哺乳动物,我们注定要建立神经连接,而不是天生就具备这些连接。当世界刺激我们的感官并向大脑发送电生理信号时,我们的神经回路就在逐渐形成。这些电信号会开辟出通路,使未来的电流更容易流通。因此,每个大脑都被自身的经历所塑造。以下是经历改变大脑的五种方式。

1. 经历使新生的神经元髓鞘化

反复被使用的神经元会发展出一种被称为髓鞘的脂质"涂层"。这种"涂层"使神经元在传导电流时极其高效,就像绝缘电线比裸线更有效率一样。与传递缓慢、无髓鞘的神经元相比,有髓鞘的回路让传递任务变得轻松。有髓鞘的神经元看起来是白色的,而不是灰色的,因而也就有了"白质"和"灰质"之分。

人类两岁时,随着身体学会看、听和移动,大部分髓鞘化已经完成。哺乳动物刚出生时,为了生存,必须建立起关于周围世界的心理模型。但是,你不需要重新学习"火是热的"和"重力会让你下落"这些经验。这解释了为什么髓鞘在出生不久后会激增，在七岁时增速逐渐放缓。

髓鞘在青春期再次增加，因为哺乳动物需要在这个时期通过新的学习来增加交配机会。动物通常会迁移到新的群体中进行交配，因此它们必须学会在新的环境中寻找食物，并与新的群体成员相处。人类在寻找配偶时也需要学习新部落的习俗和生存策略。青春期的髓鞘激增为其奠定了生理基础。自然选择造就了一个擅长在青春期前后重新构建关于周围世界的心理模型的大脑。我们将在本章后面讨论童年和青春期所学内容的重要性。

髓鞘化的中断

如果你认为很多年轻人白白"浪费"了髓鞘化的机会，那么有必要了解其背后的进化原因。在人类历史的大部分时间里，人们一到青春期就会开始生育孩子。他们忙于满足不断出生的孩子的迫切需求。人们的成年时光都被用于投资孩子的新大脑（即生育和抚养孩子），而不是重塑自己的旧大脑。

在你的"髓鞘形成期"，你反复做的任何事情都会在你的神经网络中发展出强大、高效的分支。这就是为什么会有天才儿童，以及为什么滑雪场上的小孩子能轻松超过你，尽管你比他们更努力。这也是为什么青春期后学习新语言会变得困难。你可以学习新单词，但在需要表达自己时却似乎找不到合适的单词。这是因为你的思想是由粗壮的有髓鞘回路产生的，而你的新单词依托的只是一些未经油脂"润滑"的细小回路，所以电流很难找到流动的路径。

髓鞘的存在还解释了为什么你很难摒弃不想要的回路。你的白质效率是如此之高，以至于当你试图不用它时，会感觉自己寸步难行。这种无能感促使你回到旧的回路上，即使长期来说这并不是你的最佳生存选择。例如，如果你学会了通过挑战他人来感受到自己的强大，那么你可能会因挑衅过多而陷入麻烦。但是，当你抑制挑战的冲动时，你可能会觉得自己太弱，以至于挑战的邀请脱口而出。反之亦然。你可能学会了通过避免冲突获得安全感，而过度回避也可能会让你陷入麻烦。但是，当你决定挑战某人而不是回避冲突时，你又会感到非常不安全，以至于很快放弃新的道路，回到老路上。

髓鞘化过程的起伏可以帮助你理解为什么某些当前的思想趋势可能会有问题：

- 当你听说青少年的大脑尚未发育成熟时，请记住，大脑不会自动成熟。它会根据所经历的事情进行髓鞘化。因此，如果一个青少年不付出努力就能得到回报，他就会"明白"不努力也能获得回报。一些父母会以"他的大脑还未发育成熟"为借口，原谅青少年的不良行为。但正因如此，塑造他们的成长经历才会显得如此重要。如果让青少年逃避其行为的责任，就会培养出一个预期日后同样能够逃避责任的大脑。

- 当你听说老年人的大脑仍然可以学习时，请记住，这种学习并不容易，因为在这个阶段髓鞘化非常缓慢。老年人的大脑只有在进行大量重复时才能建立新的回路，学到新的东西。照护者可以帮老年人打造学习体验，但他们无法在老年人的大脑中替其建立回路。

2. 经历使突触更高效

突触是指一个神经元与下一个神经元之间的间隙。只有当电信号到达神经元末端并具有足够的力量跳过这个间隙时，大脑中的电流才能流动。这些屏障帮助我们从无关的信息中筛选出重要的输入。

电信号激发突触传递所需的条件非常复杂。这就好像每个神经元的末端都有一队划艇，随时准备将电信号火花运送到下一个神经元上特别适配的"码头"。每次启动，都能促使这些划艇更好地驶向它们的码头，这就是为什么经历会提高突触被激发的概率。在一个拥有100万亿个突触的大脑中，经历有助于引导你的电流以促进生存的方式流动。

发展哪些突触，并非由你的意识决定，而是通过以下两

种方式决定的:

(1) 重复,它能逐渐发展起突触;
(2) 情绪,它能立即发展出突触。

> **情绪参与的突触构建**
>
> 突触可以在没有神经化学物质参与的情况下建立,但这需要大量重复。例如,你可以很快学会一门外语中的浪漫词汇,但学习动词变位通常需要枯燥的重复。与浪漫相关的情绪会触发神经化学物质,从而迅速建立突触,而重复则能给予你建立任何你认为重要的突触的能力。如果一个突触被多次激活,即使没有额外的"划艇",它也会逐渐学会有效地传递电化学信号。

情绪是一种化学物质,它能够立即且永久改变突触,就好像在那个突触处有更多的"划艇"停泊在"港湾"中。你过去经历的任何好的或坏的事情都会发展出突触,并且这些突触在未来更容易再次被激发。举一个简单的例子:我以前会在长途飞机旅行中携带爆米花,我喜欢这种美味的消遣(咀嚼也是一种锻炼)。但有一天,我在吃爆米花时硌掉了一颗牙。当我意识到自己被困在空中无法看牙医时,恐惧涌上我的心头。皮质醇建立起强大的新连接,导致现在我变得害怕在飞机上吃爆米花。

你的突触是由过去的重复和情绪建立起来的。你之所以有智慧，是因为你的神经元正是根据你的经历连接起来的，无论这些经历是好是坏。其中一些经历被快乐或痛苦激素强烈影响，而另一些则是频繁重复的。当世界的模式与你的突触模式相匹配时，电流流动，你就会感觉自己明白当下发生了什么。

3. 只有被使用的神经元才会留存

在两岁幼儿的大脑中，未被使用的神经元会开始萎缩。令人意外的是，这反而提高了智力。修剪过程帮助幼儿专注于他已经建立的回路，而不是像新生儿那样将注意力分散到各个地方。幼儿可以聚焦于曾让他感觉良好的事物，比如熟悉的面孔或是装着他最喜欢食物的容器。幼儿也能对曾让他感觉不好的事物保持警惕，比如动作粗暴的玩伴或关闭的门。稚嫩的大脑已经开始依靠自己的经验来引导自己满足需求并远离潜在的威胁。

大脑在两岁到七岁之间进行大部分修剪工作。这使得儿童能够将新的经历与相关的过去经验联系起来，而不是将每个新经历都作为孤立的片段存储。丰富的相互连接的网络是我们智力的源泉，我们通过在旧主干上建立新分支而不是建造新主干来创造网络。所以到你七岁的时候，你已经很擅长看懂你见过的东西，听懂你听过的东西。

如果你认为这样的修剪不太好，那就有必要了解一下它的价值。想象一下对一个六岁的孩子撒谎。他会相信你，因为他的大脑会接受一切。再想象对一个八岁的孩子撒谎。他会质疑，因为他的大脑会将新的输入与存储的经验进行比较，而不是仅仅吸收所有新的输入。在八岁时，新的回路更难建立，这促使儿童依赖他现有的回路。你对旧回路的信任使你能够检测到谎言。在一个父母早逝、孩子必须在很小的时候就满足自己需求的世界里，这具有巨大的生存价值。

你在幼年时期发展出了一些神经网络，同时放任其他的神经元萎缩。你的一些神经元像秋天的落叶一样被清除，这简化了你的思维过程。当然，你也会增加新的知识，但都会基于电流已经流通的脑区。例如：如果你出生在一个狩猎部落，你很容易学到更多有用的狩猎信息；如果你出生在一个农耕部落，你就有坚实的"农耕"神经回路可以依托。最终，你的大脑经过磨炼，使你能够在实际生活的世界中生存下去。

神经电流通过你脑中的回路流动，会给你一种事情发展合理的感觉。而当事情发展的模式与你已有的神经回路不匹配时，你的电流就会减弱，从而减弱你对自己知识的信心。

4. 你使用的神经元之间会长出新的突触

每个神经元可以形成许多突触，因为一个神经元可以有许多分支，即树突。当有大量的电刺激时，新的树突就会生长。随着树突向电激活的热点生长，它们就可能会逐渐靠近，直到足以使电流跳过间隙。这样，一个新的突触就诞生了，你也就在两个想法之间建立了联系。

你可能感觉不到自身的突触的作用，但你很容易就能在别人身上观察到。喜欢狗的人似乎会把一切都和狗联系起来，喜欢科技的人经常把事情和科技联系起来，喜欢政治的人似乎会把一切都和他的政治观点联系起来，信教的人很容易把事情和他的宗教信仰联系起来。对于同一件事，一个人看到积极的联系，另一个人则会看到消极的联系。

但无论你建立了什么样的联系，你都不会觉得它们是你脑中被充分使用的神经元长出的"触手"。你会认为它们就是"真相"。

5. 情绪受体的生长和萎缩

为了使电流能够穿过突触，一侧的树突必须释放一种化学物质，这种化学物质会到达另一侧的受体。大脑中的每种化学物质都有一个复杂的形状，与它自己特殊的受体相匹配，就像一把钥匙配一把锁。当你被情绪淹没时，你释放的化学物质超过了那些受体所能处理的量。你会感到迷茫、不知所措，直到你的大脑为你构建出更多的受体。这就是你在"经历某些事情"时适应的方式。

> **经历改变你大脑的五种方式**
>
> （1）经历通过髓鞘化使新生的神经元绝缘化，使它们成为超高效的电导体。
>
> （2）曾在经历中使用过的突触更擅长传递电信号，所以你更容易激活以前激活过的路径。
>
> （3）未被使用的神经元会萎缩，所以你更依赖使用过的神经元。
>
> （4）你使用的神经元之间会长出新的突触，所以你会建立起联系。
>
> （5）受体也会生长和萎缩，遵循用进废退的规律，所以你更容易处理你曾多次经历过的感觉。

当一个受体有一段时间不被使用时，它就会消失，为你可能需要的新受体腾出空间。灵活性是好事，但这也意味着你必须多加使用你的快乐受体，否则就会失去它们。

快乐激素会四处游荡，寻找适合它们的受体。当它们找到合适的受体时，你就能"知道"自己怎样才能获得快乐。当一把快乐激素的"钥匙"打开了某个神经元的受体"锁"时，那个神经元就会被激活，久而久之，就可以培养出一簇特定的神经元，它们"告诉"你未来在哪里可以获得快乐。

寻找你的自由意志

你并不总是按照神经化学冲动行事,因为你的前额皮层可以抑制身体反应。它甚至可以将你的注意力从一种激活模式转移到另一种。人类有能力将注意力从由外部世界激活的回路转移到我们内部激活的回路。因此,我们并不是一味听从冲动本能的无力仆从。

边缘系统和大脑皮层的协同工作

当你的感官接收到的信息激活脑中的化学物质时,这个信息就会引起你的注意。这就是这些化学物质的"任务"。你总在决定是"随波逐流",还是将电流转移到其他地方。你要么按照神经化学冲动行事,要么产生一个替代方案,然后决定是否就替代方案采取行动。如果它能刺激快乐激素产生,你就会去做。如果不能,你就会生成另一个替代方案。你大脑的各个部分就是这样协同工作的:你的大脑皮层提出选项,你的边缘系统对它们做出反应,认为它们对你有益或有害。这一流程在你脑中是如此高效,以至于你几乎没有注意到。

动物也会这样做,但它们只需要很小的大脑皮层。动物总是在寻求奖励和避免痛苦的相互竞争的冲动之间做出选择。人类大脑会通过长长的联想链,把这些冲动与相关的回路联系起来。在对冲动做出反应之前,你就可以预见未来。最终,你会从思考转向行动,神经化学物质会帮助你做到这一点。电流在你的神经通路中流动,但你始终有能力改变电流的方向。这是你自由意志的核心。

例如,如果我的丈夫做了让我生气的事情,我可以让自己一直想着这件事。然后我的回路就会被激发,我脑中的化学物质就会涌出,我可以告诉自己是他引起了这些"情绪怒火"。但其实我在每一刻都可以自由地将注意力转移到其他地方。

将你的注意力集中在生存上

你的注意力是有限的。如果你把它都放在一个地方,你就没有多少可以投入到其他地方的了。沿着熟悉的路径走不需要太多的注意力,转向不熟悉的路径会对你的注意力提出很高的要求。你必须给微弱的信号注入能量才能理解它们,当然这也会减少你用于其他活动的"电力"。你总是在做决定,决定如何使用你的电力才能最好地促进你的生存。

想象一下,你的祖先在草原上发现一只狮子。为了生存,他会全神贯注地盯着狮子,看它往哪个方向走。在某个时候,他决定逃跑,于是将注意力转移到他前方的地面上,而不是狮子身上。你在车流中变道时也是这样的,在后视镜和汽车本身之间切换你的注意力。再来想象一下，一个人把大部分注意力都花在上网冲浪上。他没有意识到自己正在决定以这种方式分配自身的注意力。他经常会想做点儿别的事情，但随后一种不好的感觉就会出现。回到网上冲浪能缓解这种不好的感觉，给他一种上网冲浪促进了他的生存的印象。他的神经元连接促进了这种流动，但其实他一直可以自由地将注意力转移到其他地方。

大脑经常会产生相互矛盾的冲动。你想吃又不想吃比萨。你想写又不想写你的巨著。你想给妈妈打电话，又不想打。你总是在决定对哪个冲动采取行动，抑制哪个冲动。

猿猴也总是这样。当一只猿猴看到一个多汁的浆果时，它很想吃，但也想避免被旁边更强壮的猿猴咬伤。它在评估周围所有与生存相关的信息时，抑制了抓取的冲动。你拥有比猿猴更多的神经元，特别是在重要的前额皮层中。你可以考虑更多的选项，甚至可以在脑海中生成从未经历过的选项。这一切都取决于你将注意力指向哪里。若你不加引导，你的电流就会沿着阻力最小的路径流动。

♦
小经历如何创造大回路
♦

在"教育"出现之前，甚至在语言出现之前，人们已经能从重复和情绪中学习生存技能。

建立生存回路

一只幼年黑猩猩在母亲的腿上观察世界时就掌握了生活技能。在知道食物是什么之前,它看到食物碎屑从母亲嘴里掉出来,落在母亲胸前,就在自己眼前。它有抓取食物碎屑并放进嘴里的冲动,因为它的镜像神经元记录了母亲这样做过。它需要尝试几次,因为它的肌肉还没有学会抓取。它的这一行为不是被饥饿驱使的,因为它此前完全靠母亲的奶水滋养。当一块食物碎屑最终掉进它的嘴里时,它感觉很好!它的多巴胺激增,并建立了一种联系。下次它看到一块食物碎屑时,会期待碎屑带来更多美好的感觉,所以会去抓取。在无意识的情况下,它建立了使它能够满足自己需求的神经连接。

黑猩猩妈妈从不给孩子喂固体食物。如果小黑猩猩想吃除了奶以外的东西,它必须自己去获取。它可以做到,因为在长大到需要额外营养的时候,它已经建立了必要的神经回路。母亲不会明确地告诉它或催促它。它之所以能学会,是因为食物能够带来回报,而且它看到母亲一次又一次地选择食物。到了断奶的时候,它的神经连接就会指导它选择母亲所选择的植物。当它的母亲离开时,它已经掌握了在没有母亲的情况下生存所需的技能。

研究人员发现,黑猩猩可以识别100多种不同的树叶。它们甚至会在生病时选择有药用价值的树叶。但在黑猩猩的生活中,真正重要的奖励是蛋白质,如坚果、昆虫和肉。这些食物相对较难获得。尽管如此，它们幼时并未被投喂这些食物。它们只有在掌握相应的技能后才能获得这类奖励。

一只小黑猩猩可能需要数年时间才能成功打开一个坚果。它之所以感兴趣，是因为尝到了母亲留在坚果壳里的碎屑。它的多巴胺飙升，因为坚果的脂肪含量比它通常遇到的食物高得多。在自然状态下，当某些东西对你的生存有益时，你就会对其产生好感。但是当小黑猩猩试图模仿母亲砸开坚果的动作时，这该死的东西就是打不开。它会坚持下去，因为当预期有大的奖励时，动物体内会分泌大量的多巴胺。它会观察同类砸坚果的动作，然后再次尝试。

有一次，我眼睁睁地看着一只年轻卷尾猴一次又一次地尝试，却始终砸不开坚果，达 10 分钟之久。我于心不忍，克制不住想要"帮忙"的冲动。我找到一位动物园管理员，当我找到她时，她告诉我不用担心，因为猴子们吃得很好，这种行为很自然。如果由我负责猴子的"教育"，它们就学不会生存技能，这个物种就会灭绝。

培养社交技能

灵长类学习社交技能的方式与它们学习觅食技能的方式相同。幼崽坐在母亲腿上时，看到母亲与同类互动。它会看到母亲有时占主导地位，有时则表露顺从。它不需要给这些反应贴上标签。它的镜像神经元会在母亲害怕时触发恐惧，在母亲占主导地位时触发主导感,在母亲表现出信任时触发信任感。这就为它建立起引导它追求良好感觉和避免糟糕感觉的通路。它开始直接与同类互动,到它长大时,它的神经连接已使它具备了在所处群体的社会期望中生存的能力。

黑猩猩并非生来就具备必要的生存知识。它们的母亲在每个后代身上会投入五年的时间,然后才再次繁衍后代。对于黑猩猩妈妈的基因存续而言,再生一个孩子其实不如对当前的孩子继续实施长期的养育划算。但是小黑猩猩的"教育"并不是由母亲的意图引导的,而是由小黑猩猩自身对多巴胺、催产素和血清素带来的美好感觉的渴望以及对皮质醇造成的糟糕感觉的回避所引导的。

人类的学习

这些神经化学物质也引导着人类早期的学习。我们会有意识地学习一些东西,比如长除法和标点符号,但我们也会从神经化学反应中学到很多东西。这两种策略经常一起发挥作用,因为当我们有意识地学习一项技能时,我们会感觉很好。当我们未能达到我们有意识追求的目标时,我们会感觉不好。在不知不觉中,对良好感觉的追求使我们建立了一些回路,为我们满足自己的需求做好准备。

在谈到一个人的"激情"时,这一点体现得最为明显。想想看,一个孩子看到医生治好了生病的家人,然后决定成为一名医生。这个孩子建立了一个大的神经回路，因为生死攸关的经历触发了大量神经化学物质。我们并不总能意识到我们激情的神经化学起源。它们是在童年时期以儿童的生存观建立起来的。例如，如果你从编织篮子的老师那里得到了尊重，那种激增的好感可能会促使你毕生致力于编织篮子的事业。如果你是看着摇滚明星受人尊敬而一路长大的，你可能会渴望成为一名摇滚明星。在成年后，你可能会意识到你的激情并不能促进生存，但到那时，你脑中通往快乐激素的"高速公路"主干道已经建成。

有人经常抱怨"人们不从经验中学习"，但我们确实在学习——只是可能不是以你想象的方式。那些能触发神经化学活动或者被重复的经历会建立持久的回路。年少时的经历会建立起超级回路。如果你现在会投入大量精力从拒绝你的人那里寻求认可，那么这种习惯很有可能曾在你年少时帮助你生存。如果你现在会卷入与权威人物的冲突中，那么你很有可能曾在年少时通过这样做获得了奖励或避免了痛苦。如果你现在有一个会给你带来麻烦的神经回路，也就是习惯，可以肯定的是，它一定曾在过去让你得到了奖励或者避免了痛苦。

是什么触发了快乐激素的开关

到成年时，你会有一个神经网络告诉你什么对你有好处。如果现在给你一张白纸，你可能会设计出一个规整有序的网络，但神经网络并不是这样的。它是一团从你的感官开始接收信息的那一刻起，你一个一个神经元连接起来的混乱网络。

数量庞大的神经元带来的负担

基因会发挥一定的作用。一个惊人的例子是，实验室里的一只老鼠第一次接触泥土时就开始挖洞。它的祖先在笼子里生活了 30 ~ 60 代，但它一接触土地就开始挖洞，而且挖出的洞穴与它的野生同类挖出的非常相似。这种生存行为的神经回路似乎是天生的。

但是老鼠的大脑与我们的不同。它们的大脑皮层很小，这意味着它们从经验中学习的能力也很弱。我们的大脑皮层很大，它是用来存放后天获得的知识的。我们并不一定要运行预加载的程序。

自然界中的每种生物都尽可能少地依靠神经元生存，因为神经元的新陈代谢成本非常高。它们比活跃的肌肉消耗更多氧气和葡萄糖。维持神经元的存活需要耗费大量能量，这样一来它们反而使生存变得更加困难——除非你能真正充分地利用它们。自然选择赋予了人类数量庞大的神经元，这意味着我们必须以远超先天知识的极高优先权来使用它们。我们生来就十分信任自己建立的神经网络。这也导致了即使它们把我们引入歧途，我们也很难无视它们。

大部分的神经学习发生在童年时期

童年的进化是为了给生物时间来建立其神经网络。生物童年的长度与其大脑皮层的大小直接相关,而人类的童年是迄今为止所有物种中最长的。脑容量小的生物童年较短,因为它们的"操作系统"启动很快。一只老鼠在两个月大的时候就成为父母了。长颈鹿"一出生就开始奔跑",因为从子宫到地面大约有1.2米的落差,而且在几周内它就几乎可以做成年长颈鹿能做的一切事情。相比之下,灵长类动物的童年非常长。猴子的童年时长大约是瞪羚的三倍,猿是猴子的三倍,人类是猿的三倍。你需要维持的神经元越多,将它们以促进生存的方式连接起来所需的时间就越长。

从新陈代谢的角度来说,童年的成本是昂贵的,因为它减少了母亲能生育的后代数量。但自然选择并不像你可能预期的那样青睐较短的童年。随着时间的推移,童年更长的物种会逐渐进化,因为自然选择会青睐个体从生活经验中学到的生存技能。

童年可以使生物不用急着挑起满足自身需求的重担,生物可以通过与环境互动逐渐学会满足自己的需求。早期依赖阶段较短的动物需要依赖天生的生存技能,所以它们只能在其祖先的生态位中生存。离开那个生态位,它们通常就会死亡。人类出生时就准备好适应他们当时所处的任何生态位。但是一旦你建立了对应的适应能力,就会不由自主地十分依赖它们,就好像你的生命取决于它们一样。这就是为什么一旦你学会了某种获取快乐激素的策略,就很难摒弃它。

回顾童年来为神经回路溯源

我们通常不会把童年与生存技能联系起来。毕竟,孩子们不会学习如何找到一份福利待遇好的工作,或者找到一个会让周围朋友印象深刻的配偶。我们常常认为童年的习惯与成年生活无关。但是早期的经历会告诉你如何获得好的感觉和避免不好的感觉,而这正是引导大脑应对成年挑战的导航系统。当你的老板让你感觉不好时,你可能想反抗或逃跑,但导航系统会提醒你,你需要支持,所以你会与老板和解。你总是用由你的生活经验建立的神经网络来权衡你的选择。

成熟的成年人不会想到自己在用童年的回路为自己引路,但如果你审视自己的好恶,就能看到它们来自哪里。我在自己身上发现了一个奇怪的例子,我注意到我会对有机会选择颜色感到兴奋。这不是一项明显的生存技能,所以我试图去理解它。与颜色有关的早年经历涌上我的心头。在我12岁时,母亲继承了2000美元(相当于今天的15000美元)。这对母亲来说是一笔巨款,而且这笔钱来自我的祖父——他曾经虐待并抛弃她。她决定用这笔钱重新装修,给我看颜色样本并征求我的意见。

这种感觉很好,因为母亲并不常尊重我的意见。快乐激素告诉我的大脑这是重要的生存信息。我并未有意识地说"选择颜色是获得尊重的一种方式",我不需要这样说。这种尊重只是触发了血清素,然后血清素连接了当时所有活跃的神经元。

更重要的是,母亲很高兴,我的镜像神经元记录了这一点。她不常高兴,所以这对我的大脑来说是重要信息。尽管尚未对装修产生意识层面的兴趣,但我已经习得让自己期待通过这种特定的方式获得更多良好的感觉。在世界上所有让人感觉良好的方式中,你已经在脑中建立相应连接的那些方式会引起你的注意。

奇怪的是,我的大脑已经为处理此类信息做好了准备。在我上小学的时候,母亲给了我很多数字填色套件。我还用20世纪60年代初流行的方法粘马赛克瓷砖和彩色鹅卵石来制作艺术品。这些手工艺品给了我一种成就感,帮助我忘掉周围不愉快的事情,专注于手中的东西。重复和情绪训练了我的大脑对颜色进行筛选和分类并对此感觉良好。虽然挑选颜色并不是一项重要的生存技能,但我的快乐激素激发网络由我独特的经历连接起来了。当然,我还有许多其他的经历,它们一起告诉我在哪里可以期待奖励,在哪里会遭遇痛苦。

上高中时,我想长大后成为一名室内装修设计师。后来上了大学,我学到了物质主义是不好的,"'女人的工作'是不好的"。我学到了拯救世界才是好的,所以我很快放弃了从事装修工作的想法。我以为我变成了一个更好的人,但现在我知道，我只是像当年模仿母亲一样模仿了我的教授。

当我有了自己的公寓后，我开始装修它。在20多岁的时候我经常搬家，每次，装修一个新地方的喜悦都缓解了重新开始的痛苦。当最终安定下来时，我却有一种奇怪的冲动，想要一次又一次地重新装修。过了一段时间，我意识到再来一次装修并不能真正满足我的需求。所以我开始尝试理解这种冲动，而不是直接按它行动。我一次次追溯这些经历之间的联系，直到理解这些联系的意义。然后我意识到我的快乐激素通路仅仅建立自偶然事件，而不是永恒的真理。我的大脑将装修与生存联系起来，是因为它将母亲与生存联系起来。

当我想通这一点时，我开始以一种新的方式看待颜色——将其作为一种可以用来为我的工作增添乐趣的工具。我喜欢在我的网站、幻灯片、饭菜和衣服上添加颜色。我允许自己流连于喜欢的细节。我很好地利用了我所拥有的快乐大脑的"基础设施"，它无须重新装修就能为我激发快乐激素。当然我也会将我的神经回路掰向今天的需求，而不是过去的需求。

我们最终都会拥有像这样奇怪的神经回路，因为我们都是在过去存在的连接的基础上构建新连接的。我们的快乐激素通路对我们而言十分重要，所以我们很难意识到它们的底层联系只是来自一次偶然事件。任何能激发快乐激素的东西都会让你觉得珍贵，这可能会导致一些难以理解的行为，甚至可能导致破坏性的行为。虽然你不能直接删除一个旧回路，但可以改变它的连接，使其更适合你当前的现实。要改变旧回路，可不会再像你年轻时那样毫不费力，但是重复和情绪可以使其发生。

快乐激素在社会学习中的作用

就像依赖身体技能一样，哺乳动物的生存也十分依赖社交技能。脑容量小的动物天生就具备所需的社交技能，而脑容量大的动物则通过重复和情绪来学习社交技能。

社交技能对繁殖成功至关重要。虽然繁殖不是你对成功的定义，但在我们大脑进化所处的世界里，这是至关重要的。雄性和雌性繁殖成功所需的技能有所不同：

- 雌性只能生育有限数量的后代，而且在过去，许多后代在青春期前就夭折了。雌性的基因能否存续取决于她能否让自己的孩子存活下来。社交技能可以帮助雌性获得保护、营养和更好的父系基因。

- 雄性哺乳动物可以通过生育更多后代并在每个后代身上投入较少精力来促进其基因的传播。那些善于吸引雌性并与其他雄性竞争的雄性更可能在这种数量策略中讨到好处。

当然，雄性和雌性的策略会有重叠之处，而且进化倾向于扩大这种重叠。

对两性来说，获得同龄人的尊重都有助于生存。对猴子的研究表明，拥有更多社会联盟的个体有更多的交配机会，存活下来的后代也更多。因此，自然选择构建的大脑用良好的感觉来奖励个体寻求社会联盟也就不足为奇了。

年轻的哺乳动物在寻求感觉良好和避免感觉糟糕的过程中，不知不觉地掌握了社交技能。孩子们在没有洞察其长期需求的情况下就掌握了社交技能。为了满足眼前的某些需求，孩子们寻求了社会支持，成功后，快乐激素就会在他们体内流动。这为他们种下了日后对社会支持的期望。

童年和青春期的社会学习

任何有效的东西都会被大脑联系起来，即便是从长远来看可能适得其反的行为。如果一种不良行为得到奖励，年轻的大脑就会将这种行为标记为对生存有用。如果一个孩子在好斗时得到了支持，而在合作时失去了支持，他的大脑就很容易学会好斗是一种很好的生存策略。如果一个孩子在生病时得到奖励，而在康复时失去奖励，相应的持久联系就会建立。你的大脑不是从育儿专家和礼仪手册中学习的。它是从神经化学物质的波动中学习的。每次你感觉受到奖励或威胁时，相应的神经连接就会增加，它们作为大脑的"基础结构"

会告诉你未来可以预期在哪里获得尊重、接纳和信任。

青春期又为你的"基础结构"增加了一层。在青少年时期，任何能够赢得尊重或关注的事情都会为你发展出粗壮的回路，因为你在那个时期经历了更多的髓鞘化。同样，在这些髓鞘形成的时期，任何对你受尊重和关注的威胁都会给你留下深刻的印象。你在建立社会联盟方面取得的任何成功都会建立一条通路，任何对你的社会联盟的威胁也会建立一条通路。

你的社交回路与你的其他回路紧密相连。社会学习甚至会影响基本的生理功能，如行走、饮食，甚至呼吸。例如，婴儿在靠在母亲胸前并感受到她的呼吸时，学会调节自己的呼吸。新生儿的呼吸反应尚未发育完全，因此即使是呼吸也需要社会支持才能正常发展。

自我管理也受到社会学习的影响。儿童在体验周围人的反应时学会管理自己的神经化学反应。青春期又增加了一层自我管理回路，因为那时我们经历了新的社会奖励、新的社会性痛苦和新的社会影响。这些回路塑造了我们现在的反应，无论我们是否记得当初创造它们的经历。

> **练习：你的早期模式是什么**
>
> 列出你早期的快乐经历和不快乐经历，并留意它们所铺设的神经回路：

八岁之前
_____
_____

青春期
_____
_____

列出你早期经常重复的经历,并留意它们所铺设的神经回路:

八岁之前
_____
_____

青春期
_____
_____

重塑你的神经通路

大多数成年人最终都会有一些他们不想要的神经回路。而且大多数人希望能够拥有更多的快乐激素,同时减少副作用。你无法像第一次那样毫不费力地建立新回路,但是你可以通过重复和情绪来建立它们。

通过重复与情绪来重塑

情绪是一把"双刃剑"。现在让你感觉良好的任何事情以后都会有副作用。良好的感觉因其副作用而存在,这要归功于自然选择。所以追求良好的感觉并不总能带来生存状况的改善。戒烟可能会导致体重增加,克服旧的恐惧症时可能会产生新的恐惧症。情绪见效快,但也会带来麻烦。

重复见效慢,但它可以帮你培养副作用较少的行为。如果你一遍又一遍地接触某样东西,你会慢慢喜欢上它。你可以逐渐喜欢上对你有益的东西,即使你一开始并不喜欢它们。

但是,如果某件事情让人感觉糟糕,谁还愿意一遍又一遍地重复它呢?人们通常不会愿意,尤其是当他们已经感觉糟糕时。这就是为什么人们那么依赖由偶然经历构建的神经回路。除非你开始选择重复一些事情,否则你的偶然经历将塑造你。

唉,重复可能比你预期的还要难。通俗地说,做那些感觉与你的直接需求无关的事情会让你感觉很无聊。倘若没有情绪为你将某种行为标记为"对你有益的",你的大脑就往往会将其视为不重要的而不予理会。没有快乐激素来激发行动,新的回路就很难被激活。但无论如何你终究都可以做到。

案例:坚持下去

举一个简单的例子。弗雷德想控制自己的饮酒量。他决定用一种副作用较少的新乐趣来替代饮酒。他四处寻找一种可以让他逐渐喜欢上的东西，想起了自己年轻时喜欢素描。他决定每次想喝酒的时候就拿出画板。他的目标不是擅长素描，而是在想到喝酒时能够将注意力转移到其他地方。当然，当弗雷德想喝酒时，他不想画素描。事实上，他一边画着素描一边想到自己错过的东西时感觉很糟糕。但他决心忍受这种糟糕的感觉一段时间。他计划这样做两个月，因为到那时他有一个重要的活动。

起初，他讨厌自己的素描，也讨厌不让自己喝酒的感觉。但无论当下感觉如何，他都坚持自己的计划。过了一段时间，他开始感觉素描写生时间像是一种恩赐，而不是负担。弗雷德知道了不开心的感觉很快就会过去。最棒的是，他发现了保持警觉和负责的快乐。两个月还没过完，他就不再看日历了。他的素描回路已经发展得足够强大，可以与他的饮酒回路相抗衡。现在他知道了不喝酒也能感到愉悦。他在身体上和认知上都明白了这一点。素描只是他在"做点儿什么"的感觉出现时可以做的一件事。弗雷德对自己的改变非常满意，以至于他迫不及待地想要建立另一个新的回路。

案例：找到适合你的方法

你可以训练你的大脑以新的方式感到愉悦，从设计你想要拥有的新回路开始。你可能需要一些尝试和出错才能找到副作用最小且适合你的新习惯。瞧瞧路易丝，她想要一份新工作，但无法坚持求职。她对自己的生涯前景感到痛苦，并通过各种习惯来逃避这些糟糕的感觉。她决定通过学会对求职行为感到愉悦来打破这个恶性循环。她设定的目标是每天应聘两份工作并且每天花两小时发展职业技能。

第一天，她达到了目标，但奇怪的是她感觉很难受。她吃了一个冰激凌来逃避这种糟糕的感觉，但发现自己又想再吃一个。第二天，她寻找另一种让自己感觉良好的方式。她在完成任务后给朋友打电话，但发现谈论自己的求职并没有真的让她感觉变好。第三天，当她完成职业提升训练时天已经黑了，她决定去城里庆祝一晚。次日早上，开始任务变得很困难。她想到了自己忍受的所有失望以及所有她更想去做的事情。她决定去咖啡店写求职申请，以远离诱惑。等她喝完咖啡时，第二份求职申请已经写到一半了。一切似乎都很顺利。次日，她继续去喝咖啡并滔滔不绝地谈论职业。接下来的一天，她发现自己在期待喝咖啡和完成任务的日常，到了第二周，她已经学会了如何在家制作美味的咖啡饮品。六周过去，她有了许多个工作机会，积累了丰富的面试经验，并且对自己的技能有了新的信心。最重要的是，她体验到了愉悦感，这使她在想到做更多事情时会预期获得更多的愉悦感。

关键不是咖啡解决了问题。关键是惯性很难克服。新的习惯在以后会让你感到愉悦，但现在却很难开始养成。路易丝和弗雷德找到了一种既能激发积极期望又没有副作用的方法。只要不断尝试，你就能找到适合你的习惯。

每个人的大脑都是不同的。有些人会喝下一整壶咖啡，但永远不会按下那些求职申请的提交键。有些人喜欢素描，但会把葡萄酒洒在画板上。在你投入 45 天时间之前，可以尝试不同的选择。但是如果你总是在换一样重来，你的新习惯就永远不会养成。经过几次尝试后，无论感觉如何，你需要的是不断重复你的新习惯。

第6章

为每种快乐激素养成新习惯

具体建议,助你起步

我们有幸生活在一个对大脑的了解日益深入的时代。你可以学习用新的方式激发快乐激素。没有人能代你完成,你也无法代他人做到。本章概述了一些具体建议,为你开辟通往多巴胺之乐、内啡肽之乐、催产素之乐和血清素之乐的新道路。丰富的选择将帮助你找到一条你能信赖的道路。然后,你可以通过坚持重复45天,将其融入你的大脑。一旦养成新习惯,你就会为自己对大脑的掌控力感到欣喜,并想要培养更多新习惯。

激发多巴胺的新习惯

庆祝微小的胜利

你每天都会取得一些成功,你要努力去发现它们,告诉自己:"我做到了!"你不可能每天都在卡内基音乐厅指挥交响乐,也不可能每天都带给饥饿的人群自由、幸福。调整你的期望,这样你就能为自己实际做到的事情感到高兴。这并不意味着你在降低期望,或变得"自以为是",抑或脱离现实。这意味着你要像对待损失一样,关注自己的收获。

庆祝小的进步比积攒起来等待一个大成就更能激发多巴胺。大成就不会让你永远快乐,所以如果你总是把幸福与遥远的目标联系在一起,最终可能会感到沮丧。要学会为自己的进步感到高兴。你不必每天都用香槟和鱼子酱庆祝。可以给自己一种成就感,这种感觉比外部奖励更好。它是免费的,没有热量,也不会影响你的驾驶。你每天都会有一个微小的胜利,为什么不享受它呢?

> **没有一个成就是微不足道的**
>
> 不要因为成就的"微不足道"而向自己道歉,从而破坏自己的好心情。你只需享受那胜利欣喜的瞬间,然后继续前进。

> 那也许只是一个火花，但如果你每天都点燃它，你就会成为自己最好的"火花塞"㊀。

寻找自我表扬的理由起初可能会让你觉得傻气，而且你想到的理由可能会让你感到不舒服。即便如此，无论感觉如何，都要坚持这样做。你大可以认定自己值得这份掌声，并享受那一刻的感觉，哪怕只是一瞬间。如果你感觉很假或很勉强，那也很正常，因为你脑中批评你成就的神经回路看起来强大而可信。

会庆祝微小的成就是一项宝贵的技能，因为伟大的事情正是源于许多的小步子。如果你只想着做一件大事，你就不会迈出这些小步子。

如果你的日常成就不依赖于胜过别人，那么你会感觉更好。如果你必须以让别人输的方式获胜，你就会限制自己，而且这最终会产生副作用。要知道，你可以庆祝自己创造的成果，而不仅仅是庆祝你打败了谁。

迈着小步向新目标前进

朝着目标前进并不需要太多时间或金钱。只需每天投入 10 分钟，你就会感到有动力，而不是陷入困境。10 分

㊀ 火花塞是汽油发动机点火系统的重要元件。——译者注

钟不足以移山，但足以让你靠近那座山并准确地看清它。与其在远处畅想着你的目标，不如收集你需要的信息，以便进行实际规划。随着你获得的信息增多，你的目标可能会改变。你甚至可能发现，幻想的目标并不会让你快乐。这些 10 分钟的投入可以让你免于不必要的遗憾，并帮助你找到一座真正能够攀登的山峰。每天 10 分钟的努力可以帮你确定可行的步骤，这样你就不会干等那永远不会到来的巨大飞跃。

> **行动起来，不要只做白日梦**
>
> 把时间用在具体行动上。不要把时间花在幻想辞去日常工作或迫使他人帮助你上，帮你并不是他们的任务或生活目标。要深入实际，坚持行动 45 天，你就会养成前进的习惯。

如果你认为自己每天抽不出 10 分钟，那就想想你已经花在梦想上的时间吧。你可以用这段时间来研究必要的步骤。当这些步骤逐渐清晰时，你每天都会感受到多巴胺带来的愉悦感。你会开始期待这种感觉的到来。你会明白，通过不断努力，梦想是有可能变成现实的。

当你的 10 分钟结束时，记得回到当下的生活。不要总想着未来。

将讨厌的任务分解成小的部分

每个人都有自己最不想做的事情,可能是整理乱糟糟的衣柜,也可能是处理一段重要关系中的纠葛。答应我,每天花 10 分钟处理那个你惧怕的任务。你不需要在开始时就有解决方案,只需要有继续推进的意愿。

也许你会认为不可能在 10 分钟内清理完衣柜或重新磨合好关系。但是,如果你总想着等完美的解决方案,很可能会停滞不前很久。不如走到那个衣柜前,拿出一堆衣物,花 10 分钟整理它;或者拾起那段充满失望、令人讨厌的关系,花 10 分钟播下善意的种子。每天都要做一点儿。坚持 45 天,你就会变得乐于处理那些妨碍你过上更好生活的烦恼。当然,你不能像控制衣柜里的东西那样控制别人。但是,只要你不断尝试,就能用好心情取代坏心情。你将会不断尝试,因为积极的期望会触发多巴胺。

也许用不了 45 天,你惧怕的事务就能奇迹般地自行解决!如果真是这样,也不要停下来。再找一个你觉得棘手的烂摊子,这样你就可以再坚持 45 天。这就是培养以小步前进攻克严峻挑战而不是被它们吓倒的习惯的过程。记住,每天都要为自己所做的事情感到高兴。很快,你就会养成克服困难并从中获得回报的习惯。

不断调整标准

当你面临的挑战难度"恰到好处"时,良好的感觉才会产生。如果篮球筐太低,得分就没有乐趣。如果太高,你就没理由去尝试。当你觉得自己的努力能得到回报但又不完全确定时,努力才是有趣的。你可以调整生活中的"篮球筐",让事情变得有趣。

在 45 天里:在那些你给自己设定了不可能实现的目标的地方,尝试降低标准;在那些你将目标定得过低而感觉不到回报的地方,尝试提高标准。如果你觉得自己若吃不了豪华晚宴就只能吃速冻晚餐,那现在就给自己设定一个适当的烹饪目标,开始你的 45 天计划。如果你觉得自己只能在"瘫"在沙发上和像走红毯一样着盛装出门之间二选一,那就尝试采用一种中间方案出门,然后再尝试别的方案。

练习:你有哪些激发多巴胺的新策略

适合我的重塑项目:

庆祝微小的胜利

_____

_____

迈着小步向新目标前进

_____

_____

> 将讨厌的任务分解成小的部分
>
> _____
>
> _____
>
> 不断调整标准
>
> _____
>
> _____

✦
激发内啡肽的新习惯
✦

大笑

大笑会使你的内脏不自主地抽搐从而刺激内啡肽的分泌。找出能让你发笑的事情,并为之腾出时间。捧腹大笑才能触发内啡肽——对鄙视的人冷笑可不行。表面的笑也不行,尽管它可能起到铺垫作用。找到能引发你大笑的事情可能很难,但你可以坚持不断品味生活中的"喜剧",直到每天都能开怀大笑。

笑是对恐惧的一种释放。你可以想象一下,在与蛇擦肩而过之后如释重负地大笑的场景。在现代生活中,社会风险比遭遇捕食者的风险更常见,而且我们常常害怕表现出不被社会接受的情绪。在自然状态下,被社会排斥是一种真实的生存威胁,所以我们天生就会认真对待这些事情。喜剧演员经常会表达一些具有社会风险（引发社会争议或冒犯他人）的情感。当他们在表演完后安然无恙时，你内心深处害怕被排斥的那部分自我就会如释重负地笑出来。你可以把笑看作在创造安全感，而不是认为它是不严肃的。

如果你在 45 天里把大笑放在优先级的首位，就会享受到更多的解脱感。哪怕需要一些尝试或者出了一些错，也不要放弃。我经常觉得笑话"不好笑"，但我发现了一个本地的即兴表演剧团，他们的表演在我看来总是很搞笑，所以我经常挤出时间来欣赏他们的演出。

偶尔哭一场

哭泣会因身体的用力而刺激内啡肽释放。我不建议养成哭泣的习惯——它也会带来大量皮质醇。但是大多数成年人习惯性地压抑哭泣的冲动，这会造成身心紧张。释放这种压抑可以缓解紧张。几分钟的哭泣可以缓解你压抑多年的不良情绪。

你做不到想哭就哭，也不宜把哭作为目标。但是在行动的 45 天里，如果有哭泣的冲动，你可以留出空间让自己哭。当你抑制哭泣的冲动时，要注意到胸部、背部、腹部和喉咙的紧张感，这一点很重要。当你注意到这种紧张感时，它就会得到缓解。当你放下防备时，不愉快的记忆或感觉也可能会出现，有时是有用的信息，有时则是你多年来一直压抑的旧反应。如果你想哭，不要用"哭泣是软弱和愚蠢的"这种想法来阻止自己。当下的不愉快会过去，而那种放松的感觉会留下来。

有一点值得重申一下，这一部分的目标不是让你养成哭泣的习惯，而是在日常注意到你的哭泣反射和"不要做个爱哭鬼"的自动思维之间的紧张关系。在 45 天里，你可以尝试接纳这种紧张，而不是逃避它。你可能对这感觉太过熟悉，以至于难以察觉。看悲伤的电影或许能触发你的这个神经回路，别人的悲剧会激活你的镜像神经元，而且一开始，看陌生人受到威胁可能比你直面自身痛苦更容易接受一点儿。

哭泣是我们出生时的主要生存技能，但随着时间推移，我们知道哭泣可能会让我们的情况变得更糟。我们学会了其他的应对办法，但有时什么办法都不起作用，你已经没有其他办法了。你的皮质醇水平不断上升，你感觉自己像一只被困住的动物。你的大脑皮层可以分散你的注意力，让你从这种感觉中抽离，但你的肌肉可能仍会以困兽般的紧张状态保护自己。你可能会像过度使用其他身体部位一样，过度使用抑制哭泣的肌肉。哭泣可以成为舒缓绷紧的膈肌的理疗方法。

换种运动方式

改变你的常规运动是激发内啡肽的好方法。你需要用力才能激发内啡肽，如果总是在同一个地方用力，就有受伤的风险。如果你通过新的运动锻炼新的部位，就可以适度用力刺激内啡肽释放。

你的身体有三层肌肉。当你进行不同的锻炼时，就可以给予之前被忽视的、紧绷的肌肉层更多关注。由于这些部位较为薄弱，它们必须更使劲儿地发力，这样你就在需要的地方刺激了肌肉发展，而不是过度使用原本就超负荷的部位。追求内啡肽高潮不值得你冒着磨损身体甚至需要"更换零件"的风险。多样化是一个明智的选择。

如果你是一个从不运动的人，那么任何运动对你而言都会是崭新的、不同的。如果你已经是运动爱好者，你可能会讨厌尝试新运动时那种不协调的感觉。你可能会把它视为一种挫折，但它其实是在加强你最薄弱的部分。用 45 天摆脱对自己表现的焦虑吧。你可能会非常喜欢这种变化，甚至喜欢到想再用 45 天尝试实现别的方面的变化。

拉伸

拉伸身体也能刺激内啡肽。每个人都可以在日常生活中做一点儿拉伸，看电视、排队或打电话时都可以做。适度的拉伸可以增强紧绷的部位的血液循环。注意，要在感到疼痛之前停下。做一点儿拉伸是好的，但这并不意味着越多越好，少量有益，过量反而有害。坚持 45 天，你就会逐渐爱上这项活动，每天都期待着做拉伸。

拉伸不只是关于手臂和腿，你还可以尝试参加一些课程，学习在伤不到自己的情况下进行深度拉伸。这项活动的关键不是在常用的身体部位更用力地抻，而是拉伸自己未能觉察的部位，比如肋骨之间的肌肉。别忘了拉伸你的脚趾、手指，还有耳朵。

缓慢运动是"拉伸"这个主题的一个重要特点，也是它与本节其他主题的重要区别。太极和气功的动作非常缓慢，你可能会认为它们不是真正的运动。但超级缓慢的运动的锻炼程度远比你想象的大。它迫使你均匀地使用肌肉，激活较弱的肌肉，而不是让优势肌肉主导运动。选择一些看起来不像"运动"的活动，坚持45天，你会感受到身体的变化。

让运动变有趣

考虑在45天里换一种有趣的运动吧。能触发你快乐激素的运动有助于激励你进行更剧烈的运动。让运动变有趣的方法数不胜数。我报了一个华尔兹舞蹈班，我的努力程度令自己都惊讶不已。许多人把运动变成一种社交活动，包括团体运动、闲聊远足。在运动时听音乐或有趣的有声读物是种不错的选择。新奇感也能让运动变得有趣：我的瑜伽老师每周都会安排完全不同的课程。骑行或徒步去新的目的地很刺激，也能让人兴奋不已。园艺活动有其特定的外在奖励，激励着许多人坚持投入其中。给运动增添乐趣可以助你坚持下去。

> **练习：你有哪些激发内啡肽的新策略**
>
> 适合我的重塑项目：
> 大笑
> _____
> _____
>
> 偶尔哭一场
> _____
> _____
>
> 换种运动方式
> _____
> _____
>
> 拉伸
> _____
> _____
>
> 让运动变有趣
> _____
> _____

建立新的催产素回路

从"替代"信任开始

社会信任是很难建立的,所以人们经常使用"替代品"。动物、群体和虚拟好友都可以触发美好的社会信任感,而且它们没有人类关系的复杂性。当然,与真人接触相比,它们引导释放的催产素会少一些。但是这些"替代"信任能为未来更深层的信任关系奠定拓展性基础。

替代信任让人感觉舒适,因为它们让人失望的风险较小。动物不会背叛你,群体不会评判你,虚拟好友随时都在。直接向人索求信任总是伴随着期望落空和感到被背叛的风险。那些不好的感觉会在你脑中建立神经回路,当你再次考虑信任时就会触发这些神经回路,你的神经化学"警报"会响起,而你的大脑则会认为"警报"是合理的。但是,如果你放弃直接的人际信任,你的大脑就会感觉少了什么。没错,少了催产素。

可以从不会触发警报的小步骤开始。每次你对动物、群体或虚拟好友产生好感时,可以告诉自己"我正在创造这种美好的感觉"。这可能听起来很傻或者以自我为中心,但是,觉察到自己在创造这种感觉,能给它一个发展的机会。我们总会有滋生不信任的原因,所以有一个平衡的来源弥足珍贵。

在45天里，留意你从任何来源获得的信任感，你将会构筑起可以激活更多信任的心理基础。

铺设踏脚石

也许你想信任某个人，但无法消除你们之间的隔阂。好在你可以通过一系列非常小的互动来建立信任。有不幸历史的个人或群体不可能总是一下子就抹掉过去。一步步来，信任就会慢慢建立起来。踏脚石可以放得非常密，步子可以迈得小一点儿，这样双方都不会有被严重背叛的风险。每一步只需要为下一步创造积极的预期，不必一下子解决整个问题。每一次小的信任体验都会刺激催产素产生愉悦感，而这会为你连接神经元，建立神经回路，从而有助于引发更多的信任和愉悦感。

离婚律师会使用这种策略来帮助夫妻调解矛盾。你可以和那个你认为"毁了你生活"的人试试。去发起一个非常小的互动，如果进展顺利，就再做一次。要记住，你的目标不是盲目信任然后落得失望，而是建立积极的期望。

生活在同一片空间里，彼此之间没有信任是很糟糕的，但再被伤一次更糟糕。所以，与其盲目地信任那个怪脾气的邻居或者在背后捅刀子的同事，不如找些稳妥、合适的方式。在45天里，你可以精心设计彼此互惠的互动交流，逐步培养跟难相处的人之间的信任，就像铺设踏脚石那样。虽然你无法预测这样互动的结果，因为你无法控制别人，但是你会逐渐扩大对自己生活中信任关系的掌控感。这是一项艰苦的工作，短期内你可能会感觉不舒服。但从长远来看，它会帮你建立起解决或者改善身边那些棘手问题的信心。

在跟那个你觉得难相处的人重建信任时，你可以从眼神接触开始。第二天，你可以评论一下天气，后天再加上一个微笑。你们可能需要一周的时间才能发展到一起调侃交通状况，即使这样也可能会引发你奇怪且强烈的不舒服感觉。但你们要继续保持中立的接触——既不发泄愤怒，也不急于讨好。45天后，你们将会建立新的共享信任基础。未来，也许你对这个人的信任依然有限，但你将会在他面前变得放松一点儿，就像羚羊也能在狮群旁放松一下。

成为值得信赖的人

催产素的作用是双向的。当别人信任你时，无论你是否信任他们，你都会感觉很不错。你可以通过创造机会让别人信任你来享受更多的催产素。

要谨慎使用这个策略——你可不想在45天后当所有人的"救世主"。你的目标仅仅是每天能有某个时刻享受到别人信任你的快乐。当然，你不能强迫别人信任你，而且你可能需要一定的时间来展现自己，以为自己赢得信任。不要花太多时间寻求认可。你只需信守承诺，就可以从中体会到做一个信守承诺的人的愉悦感。这可能听起来有点儿自以为是、自命不凡，但它所建立的神经回路是日后信任的基础。因此，在这 45 天里严格信守你的承诺吧。

建立信任验证系统

你可以践行那句古老的格言："可以信任，但要验证。"监控结果，清点得失，检查他人……这可能听起来很苛刻，但验证使得与陌生人建立信任成为可能。如果你太好说话而不去验证，你就会被困在熟人构建的安全港湾里而无法走出来。

要想突破现状，冒险走出来，就必须与可信度未知的人打交道。在信任和验证中，新的信任得以生长。这样坚持 45 天后，也许你仍无法预测别人会怎么做，但你会树立起信心，相信自己有能力扩大信任圈。你将不再局限于只有深信之人的小圈子里，而会拥有一个可以控制风险的工具。

不要盲目扩大你的信任圈，不要强行信任不可信之人。你的目标不是信任本身，而是收集关于可信任的人的线索信息。无论对方是否辜负了你的信任，你都算成功了，因为你建立了对自己心中信任验证系统的信任，这种对自己的信任值得你每天都为其庆祝，无论你的信任得到的是回报还是失望。

自然选择会奖励那些敢于从熟悉地盘向外拓展的人。在动物世界里，年轻的雄性常常被赶出它们的出生族群，或者因无法获得交配机会而主动离开。在野外采集的排泄物样本显示，当它们离开自己的信任网络前往未知的地方时，会经历巨大的皮质醇压力。在被一个新的群体拒绝时，它们的这种压力会加剧。但是这些探索者不会放弃。它们会不断努力建立信任关系，因为当它们成功时，感觉会非常棒。

做按摩

按摩能刺激催产素。你不必花很多钱每天做按摩。以下是一些其他选择：

- 与按摩伙伴互相按摩，互惠互助。
- 在社区教育课程中学习按摩技巧，这样你可以感受到同学间的温暖。
- 尝试自我按摩，这也出奇地有效。自我按摩技术不需要特别的力量，而且很容易从视频中学习。

一旦你养成了以这种方式刺激催产素的习惯，你就可以随时享受到这种乐趣。

练习：你有哪些激发催产素的新策略

适合我的重塑项目：
从"替代"信任开始
_____
_____

> 铺设踏脚石
> _____
> _____
>
> 成为值得信赖的人
> _____
> _____
>
> 建立信任验证系统
> _____
> _____
>
> 做按摩
> _____
> _____

✦ 建立新的血清素回路 ✦

为自己的成就而自豪

　　自豪是一种复杂的心理。追求掌声可能会有副作用，但得不到别人的认可时，你又会有种失落感。你可以为自己鼓掌，但大脑不会轻易被虚无缥缈的自尊所欺骗。它想要的是来自他人的尊重，因为这具有生存价值。可惜，没有绝对安全的能让血清素这样释放的方法。社会认可既不可预测，又稍纵即逝。但是你完全可以在不惹人厌的情况下刺激自身的血清素分泌，只需每天为自己做过的某件事表达一次自豪。

自豪就像航船的舵，帮助你把握机会，获得社会认可。它帮助你在过度寻求认可和愤世嫉俗的沮丧这两种极端之间找到平衡。

为自己感到自豪，不只要在心里默默地想，还要敢于对另一个人说："看，我做到了！"要求别人尊重你的成就是有风险的，因为你可能会失望。人们常常通过坚称社会尊重不重要或极其不公平来保护自己。但这些理由并不能满足哺乳动物脑对社会尊重所能带来的安全感的渴望。

因此，用 45 天，每天对别人说一次"看，我做到了！"吧。你会期待得到积极的反应，如果没有得到，你也会知道这要不了你的命。第二天，继续带着积极的期待再试一次吧。克服消极预期很难。天生的担忧还会使你担心自己的方式是否"恰当"。但是如果你坚持尝试 45 天，就会感受到外界对你的尊重。

坚持下去

我们今天所敬佩的许多人在生前并未获得多少尊重，但他们仍然坚持努力。不要以为有所成就的人总有啦啦队追随。如

> 如果赞美、喝彩能自动地找上门，那当然很好，但即使没有，你也要继续努力。

讽刺的是，那些获得公众赞誉的人常抱怨不停。他们感到被困住了，渴望做些不同的事情，但又害怕失去现有的掌声。

无论你得到的社会认可是多是少，你的大脑都会一直渴望它。这是你的哺乳动物脑的天性。所以，你需要培养自我肯定、为自己的成就感到自豪的技能，而不是等待别人的掌声。

如果你只关注自己的缺点，往往就会忽视已有的认可。你可能得到了没有表达为明显掌声或夸赞的无声尊重。因此，每天刻意期待一次认可是有用的，哪怕需要强迫自己。这能帮你接纳已经存在的认可。

享受当前的社会地位

你的社会地位一直在不断变化。前一分钟你觉得自己处于从属地位，后一分钟你就可能会发现你在自己关注的人面前占据主导地位。你讨厌从属地位，但当你处于主导地位时，也可能会感到烦恼。你可以学会享受自己所处的任何位置的优势，而不是只关注消极方面。

你可能认为平等会让你快乐，但你越接近它，你的大脑就越会关注微小的差异。当哺乳动物聚集在一起时，每个大脑都在寻求主导地位带来的良好感觉。你很容易在别人身上看到这一点，但当你的大脑这样做时，你会觉得自己只是在寻求应得的东西。你的哺乳动物脑会不断发现你被看低的迹象，这可能会让你即使在相当不错的生活中也感到痛苦。如果你放松并享受自己所处的位置，你会快乐得多。

你从过去的经历中建立了关于社会竞争的认知预期。过去的挫折和失望塑造了你的神经回路，使你很容易对处于劣势地位感到糟糕，对处于优势地位也感觉没那么好。你可以一辈子都在渴望眼下没得到的位置。或者，你也可以建立起新的神经回路，从自己所拥有的事物中发现美好：

- 当你处于从属地位时，要注意到自己的优势。当下另有他人坐在"焦点位置"。你不需要负责保护其他人，也不用担心如何捍卫自己的地位。

- 当你处于主导地位时，就去享受此刻的尊重和选择权，而不是被压力压垮，因为这些美好时刻终会过去，要及时享受。

在 45 天里，注意你在地位上的挫折感，并提醒自己无论身处何处都有隐藏的优势。你的社会地位总会有微妙波动。你的哺乳动物脑会一直关注它，尽管你希望你的哺乳动物脑不要这样做。如果你为自己的地位烦恼，烦恼就永远不会结束。你可以专注于积极的方面。只要形成了这种积极的思维习惯，你就永远有办法与自己的哺乳动物本能和解。

留意自己的影响力

许多人试图通过寻找别人的缺点来提高自己的地位。他们通过比较而自我感觉良好,但他们也会为这种提升血清素水平的方式付出高昂的代价——被恶意包围。你可以做一个小小的改变,既能刺激你的血清素分泌,又不会产生有害的副作用。你只需要去感受你对他人的影响力。不批评、不控制,只去留意他人何时模仿你的行为。不必期望得到赞扬甚至感谢,只需静静地享受。

这可能听起来有些傲慢,但每个哺乳动物脑都渴望社会价值感。每个人都想对世界产生影响,都害怕悄无声息地死去。若不用健康的方式满足这种需求,你就可能忍不住通过损伤他人利益的方式来满足。有些人故意作恶只是为了彰显自己的存在感。与之相对的则是另一种选择:珍惜你已经拥有的影响力。

就在此刻,或许就有人默默钦佩着你,但如果你的"天线"总是忙于搜索不尊重的信号,你就永远不会得知。人们可能暗自欣赏着你,而你可能并未享受这种欣赏,反而在担心他们的批评。如果是这样,你就是在浪费潜在的血清素快乐。

每天抽出片刻,感受你对他人产生的积极影响。无须声张,也不要说"我早告诉过你"。只需寻找你微妙的影响力并对此感到满足。这样坚持 45 天后,你将对自己影响世界的能力感到满意，对他人的缺点和忽视也会没那么介意。你将建立起一条心理通路，让你能从自己的社会重要性中获得满足感。

父母常常哀叹他们对孩子缺乏影响力。如果他们知道自己对孩子的长远影响有多大，就会更加注意自身的示范作用。

与无法控制的事情和解

大脑天生追求掌控感，它会在你掌控事情时感觉良好。但我们的控制往往有限且不可预测，因而我们难免会有挫败感。你可以学习与有限的控制感共处。这并不等于失控或放弃控制，而是意味着让你在无法掌控时感到安全。

为了建立这个新的神经回路，你可以注意你通常用来感觉"掌控一切"的策略，然后反其道而行之。例如，如果你是一个坚持烤出完美蛋奶酥的人，那就坚持 45 天不按照食谱烹饪。相反，如果你是一个喜欢把东西扔进锅里随便煮的人，那就坚持 45 天按照食谱烹饪。

如果你是一个喜欢整洁的人，那就让杂物堆上六周吧。但如果你是一个讨厌秩序、喜欢混乱的人，那就在这六周里，坚持一用完东西就马上把它们放好。如果你总是循规蹈矩，那就尝试打破常规，但如果你已经常以打破常规为荣，那就勇敢地遵守规则。第一天你可能会感觉很痛苦，但 44 天后你会获得奇妙的安全感。

摆脱时钟的束缚是练习放松控制的绝佳方法,因为你无法控制时间。我们都有管理时间的习惯。有的人习惯迟到,有的人则会不停地看表。你可能认为无法改变你与时间的关系,不妨试试下面三种好方法来忽略时钟,与时间的流逝交朋友:

(1)开始一项活动,但不要设定确切的结束时间。在整个过程中都不要看表,全凭感觉完成——当你感觉这项活动结束了时,活动结束。
(2)每天留出一段不做任何计划的时间。
(3)选定一天,这天你可以不用看表自然醒,然后保持一整天都不查看时间。

无论你有多忙,都可以找到一种方法来减轻对时间的过度掌控。尝试之后,你可能会惊讶于出现的负面感受,尽管你一直渴望摆脱时间的压力。不过,这些负面感受不会要了你的命,接受它们有助于你接受关于时间的残酷现实。

你的哺乳动物脑会对它能控制的事情感觉良好。有些人违反交通规则以享受控制感,而另一些人通过斥责违反交通规则的人来感受自己的力量。然而,无论是什么给了你力量感,它都不会一直有效。你终究会在某些时刻感到自己软弱无力、微不足道。这会触发皮质醇,但你可以学会在无法控制时感到安全。

坚持45天,放弃控制,不再试图以你习惯的方式控制世界。你不必辞掉日常工作去乞讨，只需要停止查看天气预报，停止买彩票，停止期望世界按照你的规则运转。选择一个你用来获得掌控感的习惯，然后摒弃它。如果你不能完全放弃控制习惯，那就承诺每天在一段特定时间内抛下它。虽然你无法控制世界，但你将学会在这个世界中感到安全。

> **练习：你有哪些激发血清素的新策略**
>
> 适合我的重塑项目：
> 为自己的成就而自豪
>
> _____
>
> _____
>
> 享受当前的社会地位
>
> _____
>
> _____
>
> 留意自己的影响力
>
> _____
>
> _____
>
> 与无法控制的事情和解
>
> _____
>
> _____

养成习惯的挑战

如果你计划去亚马孙丛林旅行,就必须在远离公路的有趣地方和容易到达的目的地之间做出选择。也许那些具有异国风情的地方会吸引你,但当你看到到达那里需要付出的代价时,可能还是会倾向于走常规路线。

你的神经网络也是如此。新的目标听起来很棒,但一旦你开始朝着它们努力前行,那些已经铺好的神经高速公路就可能会诱惑你。不过只要你坚持努力 45 天,就能开辟出一条新的高速公路。令人兴奋的目的地将变得可以到达,而旧的道路也就没那么有吸引力了。

要在神经元丛林中开辟一条新的道路,你必须每天重复新的行为。否则,杂草就会卷土重来,你的下一次尝试也将会和第一次一样艰难。不管有没有动力,每天都要激活这条新的道路,最终你会轻松通过。虽然新习惯带来的愉悦感不如旧习惯来得强烈,但你将学会在不依赖外界刺激以及没有不可避免的副作用的情况下收获美好感觉。你会对你的新习惯非常满意,甚至想要培养更多新习惯。

需要重申的是,你不会在第一天就感到快乐。保持现实的预期很重要。第一次啃胡萝卜条的感觉不会像第一次舔冰激凌甜筒那样好,而且这种感觉看起来不会随着重复而改变。第一次做作业的感觉也不会像第一次看电影那样好,而且你也很难想象这种情况会发生改变。但只要坚持你的计划，你的大脑就会将胡萝卜条或学习与你的快乐激素联系起来。你就会逐渐享受做这些有益的事。

连接过去与未来

我是在偶然中发现了重复的力量——我注意到某些音乐会让我莫名快乐。这些音乐不是我真正喜欢的音乐，也不是会让我联想起海滩的美好回忆的音乐，而是一些由于偶然的经历而强加给我的音乐。在我年轻时，我的耳边经常充斥着哥哥、父亲、我工作上的老板以及我吃饭的自助餐厅选择的歌曲。如今，再听到其中的某首歌曲时，我会感到莫名的愉悦，尽管当时我并不喜欢它。这让我感到困惑，直到我读了米哈里·契克森米哈赖的《心流》一书。它解释说，音乐之所以能带来快乐，是因为你的大脑总在不断预测接下来会发生什么。每一次正确的预测都会触发多巴胺。对于不熟悉的音乐，你无法做出好的预测，所以你不会得到多巴胺。但是当音乐太过熟悉时，奇怪的事情发生了——你也不会得到多巴胺，因为你的大脑毫不费力地就预测对了。只有当音乐处于新奇和熟悉之间的最佳平衡点时，它才能为你带来快乐。

现在让你快乐的音乐终将变得乏味，不再让你快乐，因为它会变得太过熟悉。同时，此刻你不感兴趣甚至不喜欢的音乐将来却可能会让你感到愉悦。如果你想保持快乐，似乎现在就必须接触不熟悉的音乐，这样当你对"旧爱"感到厌倦时，前者就会处于黄金期。这给了我启发。它解释了为什么尽管我们尽了最大努力，幸福却难以捉摸。它还展示了重复我们目前不喜欢的事情这种反直觉的选择如何能带来巨大回报。我们常常谈论"好的音乐"和"不好的音乐"，好像音乐的质量是固有的。我们忽视了听音乐的大脑神经回路的力量。你的快乐是由不知不觉中建立的神经回路塑造的。人们会自然而然地认为自己喜欢的东西是有其特别之处的，而自己不喜欢的东西是有某方面的缺陷的。但现在，你可以学习塑造你的神经回路，以扩大美好的感受，扩展快乐的边界。

克服最初的抵触

改变的第一步是愿意去做最初可能会感觉糟糕的事情。这很难，因为你的大脑通常会相信自己的反应。你一般不会抱着自己会喜欢上它的假设，故意去听你不喜欢的音乐。你也不会和不喜欢的人交朋友或参加不擅长的活动，就因为觉得情况会好转。相信你目前的好恶是很自然的。但现在你知道了，你的好恶都是偶然经历塑造的结果，并非来自完整的信息。当你偏离熟悉的道路时，你那基于偶然经历而建立的神经回路会使你产生受到威胁的感觉。如果你为了避免这种受到威胁的感觉而坚持走老路，就会错过一个充满潜在幸福的世界。你需要学会享受踏上新道路的挑战。

先专注于一条路径

有了这么多选择和这么多神经元,你可以建立许多通往快乐激素的新路径。但是你的时间和精力有限,分散努力反而可能导致所有道路都无法成形。所以,先从一个改造项目开始吧。在 45 天里,无论感觉如何你都重复新的路径。如果中间间断了,就从头再来。

自我承诺可能很难执行。例如,我曾决心要在买食物时带上可重复使用的袋子,但我总是忘记。所以我又向自己保证如果忘记了就回到车上拿。结果下次在超市发现没带袋子时,我心想"我太忙了,没时间回车上拿"。然后我意识到我总是很忙,如果不能兑现对自己的承诺,我就是一个没有力量的人。所以我回到车上拿了袋子,而且再也没有忘记过带袋子,因为我不想浪费时间回车上拿。

你也不想浪费时间从头再来。你想要的是兑现对自己的承诺,从而养成一个新的快乐习惯,并享受其中。接下来的章节将引导你完成一系列承诺,从而完成你的首个改造项目。在那之后,你将会爱上自己掌控大脑的新能力,并找到许多运用它的方法。

第 7 章

你的行动计划

制订适合你的计划

我们都听过"千里之行,始于足下",但我们也都知道,实际情况要复杂得多。在迈出第一步之前,你必须选对方向,这样才能确保每一步都朝着目标前进。迈出第一步后,你知道了前进阻力有多大,但你得找到无论如何都要迈出下一步的动力。为了坚持走完 45 步,你需要一个深信不疑的行动计划。你需要选择想要培养的第一个激发快乐的新习惯(即新的快乐习惯),确定开始日期,准备好能让你的行动更加顺利的工具。本章及后续章节将帮助你做出这些选择并努力执行下去。

> **练习：自我承诺时间表**
> - 在_____（日期）前完成本章的内容：选择新习惯。
> - 在_____（日期）前完成下一章的内容：选择快乐而非不快乐。
> - 在_____（日期）前完成最后一章的内容：掌握助力工具，让我的行动更轻松。

如何克服不可避免的内部冲突

当你开始激发一种快乐激素的行动计划时，你可能发现这会削弱另一种快乐激素。例如，如果你寻求更多的血清素，你可能会感到这对催产素构成了威胁。而如果你寻求更多的催产素，又可能觉得这对血清素来说是一种妨碍。当你以一种方式寻求多巴胺时，你就没那么多精力维持另一种获得多巴胺的路径。而且，你的皮质醇可能会被任何一种寻求行为触发。你可能希望在迈出第一步之前有一个完美的计划，但完美是不存在的。在养成新的快乐习惯的过程中，你将不得不做出取舍。

幸运的是，我们的大脑已经进化出了权衡取舍的能力：

- 狗为了挖到一块骨头，不得不放弃在另一个地方挖骨头的机会。

- 大象每一刻都必须在追随自己鼻子嗅到的气味和跟着象群走之间做出选择。
- 狮子必须在独自狩猎的恐惧和与可能抢夺食物的同伴一起狩猎的担忧之间做出抉择。

就像这些动物一样,人类也必须一直在各种不完美的选项中做出选择。如果你总是关注选项的缺点和不足之处,就很难下定决心。下面就一起来仔细看看生活中不可避免的权衡取舍。现在认真思考这些问题,把它们想清楚,你就能满怀信心地养成新习惯。

短期与长期

我们总是在即时满足和未来回报之间进行权衡。如果你决定吸烟,你就是在用长远的健康换取当下的快感。如果你决定去参加派对,你就选择了一种回报;而如果你决定不参加派对,你就会得到另一种回报。我们无法精准地预测不同选项的收益,但更好的预测能带来更好的回报。

为了做出准确预测,你必须选择有用的信息。但我们往往依赖于在神经回路中偶然形成的信息筛选习惯。改变了信息筛选习惯,你就能立刻在短期和长期回报之间做出新的权衡。例如,如果你认为自己是某股强大力量之下无助的受害者,你就会忽视自身选择的力量。只要你相信自己的行为会产生一定的结果，你就会去寻找关于这些结果的信息。然后，你就会在长期和短期之间做出更有价值的权衡。

已知与未知

我们总是在已知的安全和未知的可能性之间进行权衡。有时，我们会坚持已知的选择，直到找到一个感觉更可靠的替代方案；而有时，我们会在对新选择还不确定时就冒险尝试。一旦做出选择，你就会清楚地看到自己所选方案的缺点，但你永远不知道另一个选择会带来怎样的结果。所以，人们很容易对自己的选择感到沮丧。

与之相对地，你可以学会尊重自己的决策能力。不确定性是不可避免的，所以用理想化的最佳选择评判自己是没有意义的。我并不是说你应该盲目捍卫自己的决定，以至于拒绝从错误中吸取教训。但如果你只是一味地批评自己的决定，除非有绝对的把握，否则你将永远无法做出选择。学会欣赏自己在不确定中生活的能力，你的选择就会更加广阔。

个体与群体

受群体保护的感觉很好，但独自行动也有其乐趣。如果两者能兼得当然很好，但这并不现实。痛苦的选择无处不在，而且当我们一直纠结自己缺失的东西时，情况往往会变得更糟。身处群体中时，你会怀念自己的独立性；而当你追随个人意志时，又会想念群体带来的安全感。当你关注每个选项的缺点时，大脑会分泌大量的不快乐激素。你可以把注意力放到自己目前正在享受的好处上——在群体中时就享受群体的温暖，独处时则享受个人的自由。

欣赏自己所拥有的其实是很难做到的，因为大脑天生就会追求自己没有的东西。当你得到群体支持时，自然就会感到个人利益受到挤压。而当你独自前行时，又难免会担心失去社会联系。我们都渴望拥有一切，但这种权衡是做人的一部分。与其期望矛盾、纠结消失，不如为自己尚能处理它们而感到自豪。

自由意志与依赖

动物园里的动物可能会羡慕野生动物，并试图挣脱牢笼；而野生动物则可能会闯入动物园，享受现成的食物。在我做志愿者的动物园里，经常有闯入的动物，却很少有逃出的。满足自己的需求看似是一种负担，但倘若你依赖他人来满足自己的需求，你就会错失快乐激素的刺激，因为只有你满足自己需求的行动才能真正激发这些快乐激素。

野生动物整日承受着巨大的生活压力，因为它们要努力填饱肚子，争夺配偶，保护后代免受捕食者侵害。尽管我们想象中的自然界充满质朴，但满足自己的需求其实很有压力。然而，这就是我们大脑进化的使命，逃避这个责任并不能带来真正的快乐。你或许渴望被照顾，但如果你真的摆脱了满足自己需求的负担，你可能会惊奇地发现自己并不快乐。你可能会因为自己得到的东西不够而充满压力，对照顾你的人心生愤怒，但又害怕离开他们回到需要自己动手的生活中。

做选择实在容易让人懊恼、沮丧，有人因此选择"动物园"生活——渴望得到保护和引导。当他们感觉糟糕时，他们也不知道原因，于是把责任推给照顾者，指责照顾者没有充分满足他们的需求。他们会怨恨那些他们认为有权力控制他们的人，最终对他们的服务者和领导者充满敌意。他们通过贬低那些他们认为更强大的人来获得一种个人权力感。但这种习惯永远无法真正弥补当你让别人负责满足你的需求时你所失去的个人权力。不如去寻找自己满足自己需求的乐趣。你可以庆祝能自由地选择自己的人生，而不是把它当作一种负担。

练习：你的权衡取舍是什么

通往幸福的道路不可能完美。在建立新的神经回路时，你总是需要权衡利弊，做出取舍。在下面写下你在尝试建立第一个新回路时将面临的选择：

> 短期与长期
>
> _____
>
> _____
>
> 已知与未知
>
> _____
>
> _____
>
> 个体与群体
>
> _____
>
> _____
>
> 自由意志与依赖
>
> _____
>
> _____

选择的重担

没有哪条路能固定通向快乐激素。只有不断做出选择——每次都要冒险放弃一些东西,才能换来可能的好处。

谈论"好的决策"和"坏的决策"会使人产生存在最优路径的错觉。如果你相信有一条正确的道路,你就会不自觉地将自己的人生与一个根本不存在的理想化形象做对比。这可能总会让你忍不住失望,即使生活还不错,你也会觉得自己走错了路。其实,你可以接受这样一个事实:你的生活总会有起有落,因为你的大脑天生就会不断寻求奖励和规避痛苦。

如果你有两个不错的选择,你可能会过度纠结于放弃的那个选择,以至于忽视了自己所拥有的幸福,最终产生大量的皮质醇。做选择是一个如此艰巨的任务,以至于人们有时会试图把做选择的负担转嫁给别人。这种策略并不能减轻因无休止地哀叹自己没有的东西而产生的皮质醇焦虑,但它能通过把责任归咎于他人来减轻你对自己的失望。

还有另一种选择。你可以把生活看作一系列的取舍,而不是一个有唯一正确解决方案的优化函数。艰难的抉择是在所难免的,但你是自己生活中微妙权衡的最佳判断者。

你的大脑永远不会停止努力促进你的生存。它会把你所拥有的视为理所当然,并想方设法获得更多,例如更多的奖励(多巴胺)、更多的欣快感(内啡肽)、更多的社会支持(催产素)、更多的尊重(血清素)。追求更多是有风险的。你的大脑会不断权衡是否值得放弃某种东西来获得更多的另一种东西。等你做出决定后,你可能得不到预期的结果。这种挫败感可能会让你想把艰难的决定留给别人,但如果你自己承担选择的责任与重担,你最终会获得更多的快乐激素。

> **练习：你选择培养哪个新习惯**
>
> 　　我要重新训练我的大脑，养成一个新的快乐习惯。我将养成的新行为或思维习惯是：
>
> _____
>
> _____
>
> 　　我会在45天里每天重复它，不管我当时愿不愿意。如果中途某天中断，我就重新从第一天开始。在践行新习惯的过程中，我可能会远离其他东西，但我可以处理好这些取舍，直到最终收获新的奖励。

第 8 章

克服通往快乐的阻碍

为何执着于不快乐

如果你每天只需花几分钟就能在 45 天内变得快乐,你为什么没这样做呢?本章将揭示当你用一些看似合理的原因维持不快乐的习惯时,大脑中发生了什么。你可能会认出这些借口以及它们导致的恶性循环。当你觉察到自己选择走向不快乐的倾向,你就可以做出不同的选择,转头走向幸福。

原因 1:"我不能降低标准"

你可能会质疑:"我为什么要追求小事上的快乐呢?我有更高的志向。"人们都体验过巨大的收获带来的兴奋和喜悦,也就自然认为大的成就会带来快乐。但事实是，高成就者未必就快乐，这看起来很反直觉，而小报新闻不断提醒我们这一点，也算是一种公共服务了。不追求大的成就也不能保证幸福。没有什么能保证幸福。不过，你可以通过关注满足自己需求的方式来促进幸福。

在当今文化中，人们时常声称自己的高标准是为了他人。他们坚持认为，在"拯救全世界"之前，自己是不会快乐的。人们甚至断言，只要还有一个人（甚至一只动物）在受苦，自己快乐就是不道德的。但这个世界一直充满苦难。纵观人类历史，从未有人因道德高尚而被禁止感受快乐。这只是大脑的言语部分在试图解释哺乳动物脑对快乐激素的奇特追求。如果你拒绝接受内心哺乳动物本能对更多快乐的渴望，你就会为自己的失望构建崇高的解释。但把不快乐归结于更高的道德标准并不能带来神经化学层面的安宁。

你可能有一种错觉，认为快乐只降临到少数幸运儿身上，而其他人则被错误地剥夺了快乐。你可能认为自己必须通过受苦来获得快乐。这种想法往往会有片刻的作用，因为你感受到的优越感会触发血清素，而被信任的感觉会触发催产素。这可能会诱使你遭受更多痛苦，以享受更多的快乐激素。受苦可以给你一种重要感，共同受苦有助于建立社会联系。但这种愉悦感很快就会过去，似乎你必须受苦才能刺激更多的快乐激素。其中的恶性循环显而易见。你无法摆脱受苦，因为你害怕失去已有的快乐。你没有意识到，受苦只是你的哺乳动物脑因为过去得到过奖励而建立的一种回路，你却将其美化为高尚品德的象征。你甚至可能会告诉自己，追求自己的快乐会让你变成从别人那里窃取快乐的坏人。

> **关注自己**
>
> 你不应该对别人的痛苦负责，也不能让别人对你的痛苦负责。其他人用他们已有的神经回路管理自己的快乐激素，你也用你自己的回路管理你的快乐激素。

如果你等着世界变成理想的模样，你会感到沮丧，并可能通过养成一个坏习惯来缓解这种情绪。你会以世界不够好为借口来为自己的坏习惯辩护。例如，你可能会想："世界都这样了，我为什么不能喝酒/吃垃圾食品/借钱消费/对人发火呢？"随着这个坏习惯成为你生活的重心，你会不断寻找更多受苦的方式，以证明自己沉溺于这个习惯是合理的。这种恶性循环是"高标准"心态的常见副产品。

如果你对快乐的标准过于理想化，那么它将永远遥不可及。其实你可以自由地从小事中获得快乐，而不是等待世界满足你的理想化要求。

善良的人常常不自觉地选择受苦。老师和家长常常通过鼓励不切实际的期望，让学生选择受苦。如果你试图用努力成为总统或获得奥运冠军来激励一个班级，那么班上大多数学生最终都会灰心丧气。更好的做法是，让学生明白，每个人（即使是总统和奥运奖牌获得者）都会经历神经化学反应的波动，人们必须学会应对和管理这些波动，这比教学生宏伟的抱负更有帮助。学生最好学习能满足他们需求的技能，比如识字、数学和自我管理的习惯。注重这些技能并不是在"降低快乐的标准"。

"高标准"听起来不错，却可能会成为"一边苦等虚幻理想，一边沉溺于痛苦与怨恨"的借口。实际上，如果它排除了现实的中间地带，反而可能会导致"低标准"。满足自己的生存需求是你的大脑进化而来的要求，满足这个标准才会让你感到愉悦。

原因2："我不应该如此费力"

你可能会想："别人不费吹灰之力就能快乐，为什么我要重复做一件事45天呢？"

也许你认为自己已经做得够多了，现在该轮到世界上的其他人也尽一份力了。也许你认为别人亏欠你，所以你会想，凭什么要"放过那些混蛋"。你觉得当"那些混蛋"按你认为"正确的方式"行事时，你就会快乐。

许多人认为，与那些亏待过自己的人算账、使他们做出补偿能让自己获得快乐。这种思维方式会让你很容易就能发现自己"遭遇不公"的证据，也很容易找到认同你观点的人。然而，这种策略可能会分散你采取实际行动获得快乐的注意力。

我经常听到我的学生抱怨，他们不得不努力学习功课时，别人却似乎毫不费力地就"掌握了"，这很不公平。节食者也常说，别人不费吹灰之力就能保持苗条，这太不公平了。如果你认为别人很轻松就能获得快乐，你可能会觉得自己追求快乐要花费这么多力气是不公平的。如果你觉得生活对你不公，你就可能会放纵自己再吃一块饼干，再喝一杯酒，再吃一片药或者再郁闷一次。毕竟你已经经受了这么多，为什么还要剥夺自己的享受呢？这是一个恶性循环。你总是感到自己"受了委屈"，这样就能享受更多你喜欢的"安慰奖"。

人们很容易相信别人在寻觅快乐方面比自己幸运。我们哺乳动物天生就善于比较，但我们永远无法真正了解别人生活的内幕，即使你知道，这也不会让你快乐。为别人盘点会分散你的注意力，让你无暇去做能激发自己的快乐激素的事。

如果你总是在寻找不公，那么即使遇到好事，你也不会注意到。奇怪的是，这种心态却很常见。你在年幼时就养成了这种心态，比如为了取悦老师而写关于世界糟糕现状的文章，以及效仿感到被剥夺的父母。

有些人没有让自己快乐的经验，因为他们是在一个由别人负责他们的快乐的世界中长大的。有些父母一心只想着讨好孩子，却从不取悦自己。他们的孩子学会了期待别人来取悦自己，于是又一代人学会把不快乐归咎为别人搞砸了，而不是学会自己让自己快乐。

把自己的不快乐归咎于别人是一种很难改掉的习惯，因为它的确能带来即时的"回报"：

- 当你与你认为的不公正做斗争时，你会觉得自己很重要。（血清素）

- 当你与有同样被剥夺感的人建立联系时，你会感受到与他人的联结。（催产素）

- 当你试图寻找并成功找到证据证明你本该获得的快乐被不公正地剥夺了时，你会感到兴奋。（多巴胺）

- 你甚至可能会主动将身体上的疼痛作为遭受痛苦的证据，来触发自己体内的内啡肽。周而复始地，你就会不断通过感受到被亏待建立起牢固的激发快乐激素的回路，继而进一步巩固这种心理。

哪怕是停摆的时钟每天也会对两次，无论是多么错误的结论，总会有解释得通的时候，所以如果你坚持寻找证据证明原本属于你的快乐被别人妨碍甚至抢走了，那你肯定能找到这样的证据。但这只会让你高兴一小会儿，然后你就需要找到更多这样的证据。只要你认为幸福是由"他们"分配的，你就不会自行采取行动创造自己的快乐。

如果你决定建立新的快乐回路，六周后你就可能会成为你认识的最快乐的人。但如果你认为自己不应该需要做这些，你就不会投入行动。如果你认为别人的快乐是毫不费力得来的，你最终就会这样欺骗自己。

原因3："关注自己的快乐是自私的"

许多人持有零和博弈的幸福观，（无论是有意识地还是无意识地）认为一个人的快乐会剥夺其他人的快乐。当母亲愤怒地擦地板时，她认为如果我来擦地板，她就会快乐。于是，我跪下来擦地板，因为我宁愿这样做也不愿被指责自私。但这并没有让母亲感到高兴。这是一个深刻的教训。我曾经觉得自己应该帮她分担痛苦，就像船长必须与沉船共命运一样。但我后来明白，我不是她船上的船长，我只能是自己船上的船长。

回望过去，我意识到母亲其实是想要陪伴。她不知道如何停止擦地板，所以希望在她的"苦役"中有个伴儿。并没有人强迫她去擦地板，这是她很久以前养成的一种习惯，当时这似乎有助于生存。我一直试图让她快乐，但都没有用。而如果我专注于自己的快乐，她就会谴责我自私，但我决定宁愿被她谴责也不要陷入痛苦。

记住，激发自身的快乐激素并不会剥夺他人的快乐。每个成年人都有追求快乐的自由，只要能对自己行为的副作用负责，并且不以牺牲孩子的快乐为代价。你没有义务委屈自己，将自己的快乐置于其他成年人的快乐之下，其他人也没有义务将他们的快乐置于你的之下。当然，你们会希望在追求共同目标时进行合作，但你们可以决定何时以及如何合作，并承担相应的结果。如果有人坚持要你将自己的生存需求置于他们的之下，你完全有权拒绝。如果你期望别人将他们的需求置于你的之下，那你恐怕得改变一下想法，你需要一个新的计划。

你肯定听说过这样的说法：幸福来自对他人的无私奉献。这听起来不错，但人的大脑本质上是由奖励机制驱动的。如果你把自己奉献给他人，你就在期待从中得到回报，如果没能获得回报，你会感觉很糟糕。如果一直意识不到这一点，你可能会经常感觉不爽，甚至不知道为什么。即使你的初衷是给这个世界增添美好，你最终也可能会给世界增添苦涩。因此，坦诚地面对自己与生俱来的"自私"冲动能真正地帮助世界。许多人拒绝这样做，所以世界上仍然充满了愤怒的人，他们谴责世界的自私，同时相信自己是无私的。

> **为他人树立"感到快乐"的榜样**
>
> 如果你允许自己感到快乐，这实际上可以帮助他人。这可以触发他们的镜像神经元，激发他们的快乐。但你不能仅仅

> 为了他人而让自己感到快乐，你的大脑不是这样运作的，它只关注你自己。你必须朝着自己的需求迈进，来激发自己的快乐激素。

这种具有迷惑性的说法源于这样一个事实，即救助他人确实会激发快乐激素：

- 当你的救助行为得到尊重时，血清素会流动。
- 当你与他人联手时，催产素会流动。
- 当你设定目标并实现它们时，多巴胺会流动。

但这些快乐激素的涌动很快就会过去，你需要重复善举才能再次感到快乐。有时善行反而会造成伤害，甚至达到了弊大于利的程度，此时许多施助者却仍然坚持所谓的"施助"。你帮助他人时，可能会忽视自己行为产生的有害结果，因为你需要成为"拯救者"来为自己激发快乐激素。与其执着于此，不如探索新的快乐之路，来为世界带来更多好处。

每个人的神经化学系统都是独立工作的，每个人的大脑都建立了一套独特的关于自身快乐的认知。这是大脑进化的任务。独自面对自己的神经化学物质可能会让人不舒服，有的人可能会通过依附于他人的神经化学状态、融入他人的经历来避免这种不适。有时，你的这种融入会得到回报，进而使你期望通过更多的融入来获得更多快乐。最终，沉浸在他人的经历中就可能会成为你的一种习惯。你可能认为通过掌控他人的快乐或期望他人掌控你的快乐，你就能一直快乐下去。但你的大脑一直在追踪什么对你有益。如果你的快乐激素没有流动，只有你自己才能采取行动来触发它们。

如果你决定要快乐，你可能会觉得自己很显眼，并且在那些做出不同决定的人中显得格格不入。你可能会害怕别人说你自私，甚至可能假装受苦以避免这样的议论。这个问题是真实存在的，因为社会联系往往建立在共同苦难的基础上。许多人关注孩子、动物或地球的痛苦。当然，帮助孩子、动物和地球是好事，但很多这种共同的受苦实际上并没有什么帮助，只是为了满足自私的需求。如果你不加入这种共同的痛苦，人们可能真的会对你发出冷笑。在过去，如果你不加入共同的信仰体系，会遭到人们的折磨和处死；所以当我因为拒绝卷入不快乐的思维方式而被讥讽时，我很庆幸讥讽只是一个小小的惩罚。

对他人的痛苦感到难过并在力所能及的范围内提供帮助是合乎情理的。但你的大脑被设计为关注自己的快乐。承认自己的需求并不意味着你在评判或抛弃他人，其实你是在尊重他们，将他们视为对自己的需求负责的个体。就像在飞机上被告知的那样，你要先确保自己的氧气面罩被戴好。如果你把自己的快乐交到别人手中，很可能会陷入恶性循环。掌控自己的生活是你唯一的也是真正的选择。你无法掌控别人的生活，也不能指望别人来管理你的生活。

原因 4："我想为最坏的情况做好准备"

如果你让自己快乐，你会失去生存优势吗？快乐会降低你的警惕性，在出问题时对你不利吗？不快乐会让你更容易生存吗？

不会。人自然会扫描潜在的威胁，但专注于熟悉的威胁并不能保护你免受新威胁的侵害。实际上，对世界的新信息保持开放，会让你更安全。为你曾经经历过的威胁做准备只是一种旧习惯而已，你完全可以用一种新习惯来取代它。

你可能没有注意到自己在扫描熟悉的威胁。也许你打算对世界上的美好事物保持开放态度。但当这些美好事物出现在你的眼前和耳边时，你却可能会忽略它们，因为你的注意通道很快就被那些跟你过去的奖励和痛苦对得上号的信息占满了。你必须有意地将注意力从这些信息上转移开，才能注意到代表新威胁和新机会的微弱信号。但这种转移可能会让你感觉到某种生存威胁，因为你的大脑将过去的奖励和痛苦与生存联系起来，其重要性等同于生存。这就是为什么人们往往会专注于旧的威胁。

在你建立那些新回路时，你可能会觉得事情一团糟，感到压力倍增。那是你的旧"高速公路"在起作用。这时，要专注于美好的事物，而不是那些灾难思维下的"火花"，45天后你将拥有一条新的"高速公路"。你将看到世界上的参差多态,而不仅仅是潜在的灾难。如果你周围的人都沉溺于防备潜在的灾难,你可能会成为"独行侠",但要记住:选择权始终在你手中。

我们每个人的大脑都会在短时间内迸发式地释放快乐激素,所以我们都不得不忍受高潮消退后的低谷。在低谷期间,人们很容易关注危险信号,释放不快乐激素,开始准备应对,然后重复这个循环。人们很容易会觉得某场灾难、某个不好的结果要发生。你可以一下子结束这个恶性循环,只需将注意力转移到其他地方。一开始你可能会感觉很不安,因为当你的社会盟友都处于危机模式时,你需要抵制想"做点儿什么"的冲动。但你会挺过那一刻,并勇敢地在下一刻、下下一刻拒绝考虑灾难。最终,你将腾出一个足够大的意识空间,用于填补积极的期望。一个快乐的回路也将发展壮大到足以主导你的注意力。

> **思考一下**
>
> 当事情出了差错时,问问自己:如果自己之前一直不快乐,能阻止这一结果发生吗?

你的大脑皮层善于发现它所寻找的信息。如果你不去找世界上的美好,这些美好很容易就会从你的注意中溜走。当你刚开始寻找美好时,你可能会觉得自己在浪费注意力，没有专注于重要的事情。但坏事是难以预料的，持有一种过度防御、担忧的心态只会让你疲惫不堪。与不快乐相比，快乐能为你提供一个缓冲，让你更好地应对崎岖的道路。

原因 5："我做不到"

如果你试图建立一个新的回路但失败了，怎么办？这是一个可怕的想法，你可能会因为害怕失败而拒绝尝试。

如果你觉得会失败，那么 45 天的投入时间就太长了。没有人愿意花 45 天担心自己搞砸。失败很容易想象，因为你的大脑已经为这种情况做好了准备。如果一个新习惯很容易想象，你早就开始做了。所以，这里的挑战在于开始时你并没有清晰的终点概念。

突破的方法就是专注于你的下一步。你可以预期这一步会成功，即使你过去失败过。预期成功并不意味着对自己和他人撒谎，而是坦然地承认成功本质上是一个试错的过程。

永远都有可能会失望，但也永远都有可能成功迈出下一步。倘若不确定是不是对的就一直拒绝迈出一步，那么你会大大限制自己。其实，你可以接受犯错是在一条无法完全预测的道路上的一步。错误不是无能的标志，而是表明你正在面对未知，在掌握它之前，必须对其进行探索。

失败会触发由过去失败所铭刻的神经回路，这会放大微小失望带来的痛苦。在你的回路新建计划的第一天，所有过往做错事情的记忆可能都会"跑"出来缠绕着你，阴魂不散，让第二天的行动显得尤为艰难，好像是巨大的一步。但如果你在第二天放弃，你的失败回路就会得到强化。为了打破这个恶性循环，即使感觉很糟糕，你也必须迈出你承诺的那一步。告诉自己"我做到了！"，哪怕你唯一做到的事情就是在感觉自己没有做到的时候想着"我做到了！"。一开始你可能会感觉很假，但如果你坚持下去，你的成功回路就会开始感觉和你的失败回路一样真实。

当然，你也不想成为一个无缘无故自我吹嘘的人……但你可能已经在无缘无故地自责了。过去经历的偶然事件会一直影响你，除非你主动用新的经历塑造新的回路和新的思维方式。每走一步，你要么在建立一个新的回路，要么就在强化一个旧的回路。

原因6："在这样一个有缺陷的社会里，谁还能快乐"

我的大学教授教导我把人类的痛苦归咎于"社会体系"。如果我把人类的问题与"我们的社会"的缺陷联系起来，我就会得到教授的表扬。我了解到，质疑这种假设会招致严厉的鄙视。为了不被谴责"不懂事"，我选择了服从。我甚至也成了一名大学教授，教导新一代年轻人把他们的挫折归咎于"我们的社会"。在不确定推翻这个体系是否会让每个人都变快乐的情况下，我选择保持沉默。

但我遇到了许多不符合这种归因模式的现实，包括生物的、历史的和个人的现实，我逐渐学会了接受主流共识之外的生活。后来我意识到这样一个事实，即人性远比20世纪60年代民谣歌词所描述的复杂得多。

例如，我了解到我们归咎于社会体系的痛苦、挫折在其他文化和其他时代也很普遍。通常，在那些其他的时间和地点，情况要糟糕得多，却没有得到公开承认。然而，要是提及那些其他文化或其他时代的痛苦，你很容易会被那些表面上关注真相的思想领袖冷落、排斥。

> **知识就是力量**
>
> 当你体内的快乐激素减少时，你可能会觉得世界有问题，它使你的生活不那么如意。但其实，人体内的快乐激素水平本来就会有波动，了解这一点会帮助你把注意力放在朝向快乐激素的下一步行动上，而不是这个世界的缺陷上。

你可以想象一个更好的世界，一个能让你一直快乐的世界。事实上，仅仅是想象你的美好世界就能刺激快乐激素。

当你想象自己正在修复当今世界的缺陷时，你会获得更大的刺激，当你与那些和你感知到同样威胁的人建立联系时，刺激强度会进一步增大。这些化学物质铺设了一条神经回路，让你执着于向往一个不存在的世界，而事实上，即使这个世界突然出现，它也不会带来持续的快乐。你通过厌恶现实来滋养这个梦想。这是一个恶性循环，因为你必须关注世界的坏处才能保持在这个"俱乐部"中的成员身份。

"个人的就是政治的"（The personal is political）是我年轻时流行的一句口号。早期女性主义者主张个人问题是由政治失败引起的，因此必须通过政治行动来解决。在我生命的大部分时间里，我都被这种世界观所包围。但我从经验中了解到，政治的也是个人的。我们个人生活的起起落落如此令人沮丧，以至于我们渴望相信政治体系可以为我们解决这些问题。

当你把你的挫折归咎于抽象的机构或制度时，这有助于你避免责怪认识的真实的人。在短期内，避免与朋友和家人发生冲突的感觉很好。但是如果你一直把注意力集中在想象中与"当权者"的冲突上，你就永远无法与有血有肉的人实实在在地解决问题。

我在成长过程中目睹了极端的不快乐，我想尽一切可能确保我的孩子不会以那种方式成长。所以，尽管我宁愿像周围的人一样，把问题都归咎于"我们的社会"，但我还是不想忽视其他明显的让自己不快乐的因素。我冒险把这些点联系起来，即使这意味着脱离群体。我发现灵长类的相处并不总是融洽的，如果你将对政治的愤怒作为处理这些摩擦的主要工具，你终将失望。那些说社会必须先改变，他们才能满足自己需求的人也会陷入同样的失望困境。我希望我的孩子能够学会调控他们自己的神经化学波动，而不是期望社会为他们做到这些事情。当然，己所不欲，勿施于人，如果我希望我的孩子能做到这一点，那么我自己就需要先培养这种技能。

后来，我意识到人类注定会感到沮丧。每个大脑都将自己视为世界的中心，尽管它其实只是70亿个大脑中的一个。每个大脑一想到致命威胁就会恐慌，但又必须接受这样一个事实，即终有一天它会死去，而世界仍将继续运转。这些残酷的现实总是会触发不快乐激素。没有任何社会可以保护你免受它们的影响。把不好的感觉归咎于社会并要求社会解决问题可能会夺走你的注意力，使你无法培养调控自己神经化学波动的基本技能。如果你把自己的低落情绪归咎于外部力量，你就无法学会与自己体内的系统和平相处。其实，每个大脑都可以自由地做出选择，选择平和，或者选择指责。

我经常遇到选择指责的人。他们会说：除非"整个社会停止吃垃圾食品"，他们才会停止吃垃圾食品；除非"整个社会都不再羞辱人"，他们才会不再感到羞耻；除非"社会解决了未来的问题"，否则他们就无法停止担心未来；他们身陷困境是因为"社会病入膏肓"。他们认为除非其他人先改变，否则他们就无法改变。如果像这样让"社会"掌管你的大脑，你就会把自己变得无能为力。而当你自己掌控自己的快乐时，你就拥有了力量。

把生活的挫折看作社会的问题，这样的观点很容易让人上瘾，很难戒除。你会这样做可能是始于当你批评"这个体系"时，老师和教授会称赞你的思考，而且你意识到如果你坚持这种模式，不读书也能得"A"。你意识到如果把大家共同的挫折归咎于体系，大家就会接受你。为了不破坏你多年来的事业和人际关系，你可能会保持这种思维习惯。如果你质疑对"这个体系"的共同敌意，他们可能会说你是"自鸣得意"；如果你转头通过自己的行动让自己开心起来，他们可能会说你"有特权"；他们甚至可能开始把他们的不快乐归咎于你。但你依然有选择的自由。你可以接受自己的哺乳动物本能，并为自己可以认识到有这样的选择而感到高兴。

当你不再指望这个体系能让你快乐时，你就会进入只能亲自采取行动的"可怕"境地。与抽象的甚至带有哲学意味的事物争论，比跟那些让你心烦的真实的人打交道要容易得多。"修理"社会体系也似乎比调整自己更有趣、更正义。但当你理解了自己内心的哺乳动物本能时，你就会意识到这都很正常。你只是众多哺乳动物中的一员。

当然，你也一直会被这样一个事实困扰，即你在地球上的时间有限，而且你不是世界的中心。你的大脑会大喊："做点儿什么！"你能做的一件事就是与有同样感受的人联合起来，"要求外界听到你们的声音"。但如果你期望公共机构满足这种人类内心深处对于被倾听的渴望，你会失望的。要"做点儿什么"的感觉会持续存在，因为人注定会死，对死亡的忧虑总压在你的心头。这些感觉很难控制，以至于许多人通过想象各种世界末日的情景来将它们外化。其实你可以通过了解自己的大脑来摆脱这些想法。

原因 7："当……的时候我就会快乐"

人们会很自然地认为，当满足某个特定的条件时，自己就会快乐。比如，当我完成铁人三项、让我的孙子孙女进入一所好学校，或者阻断艾滋病的发展时，我就会快乐。但目标是一把双刃剑。每向目标靠近一步，它就会刺激快乐激素，但每遇到一个阻碍，它又会刺激不快乐激素。如果你每次遇到挫折时都急于奔向目标，反而可能会陷入恶性循环。你最好有多种工具来管理你的快乐激素。

接近目标会让你感觉很好，因为你的大脑将其与生存联系在一起。当然，你知道即使没有赢得"高管奖金池"或"单口喜剧大赛"，你也能生存，但一旦皮质醇被触发，感觉就不一样了。你可以通过更专注于目标来转移自己对要"做点儿什么"的感觉的注意力。你可以告诉自己，在"中间休息"或"把事情做好"之前决不能分神。你可以想象接近目标的感觉会有多好。

但如果你真的达到了那个重要的里程碑目标，那种美妙的感觉也不会持续太久。很快，你的皮质醇就会以这样或那样的方式被触发。你只能以你知道的唯一方式来应对：瞄准另一个目标。

人们常说他们是被"所处的社会"逼迫着这样应对的。他们看不到自己是如何做出选择的，即使他们能在别人身上看到这一点。"想要做出一番成就"的欲望是很自然、与生俱来的，它比我们的社会古老得多，也比我们对金钱或权力的渴望深刻得多。你的大脑想要给世界留下点儿东西，但你只有有限的时间来做到这一点。我们的紧迫感是真实存在的，为了应对这些感觉，提升自己、给世界创造点儿什么确实是一个好方法，但这还不够。我们需要很多工具来管理我们强烈的紧迫感，因为它们非常强大。如果你只有一条通往快乐激素的路，这最终很可能会形成一个恶性循环。

一心一意地追求一个目标会让其他一切都看起来像阻碍。其他人、你的身体，甚至规则和法律都可能看起来像阻碍。生活就像一部自动扶梯，如果它不向上移动，你就会认为它坏了。如果你愿意在45天里做一些不同的事情，你就可以摆脱这种自动扶梯式的幸福观。不要简单地用一个目标代替另一个目标。相反，要养成拥有多种满足感来源的习惯。你的新回路不可能每时每刻都触发快乐激素，但它们可以帮助你在放松对目标的追求时，控制皮质醇的爆发。

如果你常看新闻，恐怕就很难避免这种自动扶梯式的幸福观。关注新闻，会让你的脑子里都是那些备受瞩目的人。你的镜像神经元会接收与他们有关的信息，让你觉得如果你能跻身他们的精英圈子，你就会一直快乐。事实上，即使你提高了自己的社会地位，你也不会一直快乐，但你可能永远无法发现这一点。你可能一辈子都相信，只要在你设想的阶梯中再升一级，你就会快乐。

与之不同的选择则是与你内心的哺乳动物本能中对地位的渴望和平相处。不要憎恶这种渴望，因为那样你最终会讨厌自己和其他人。接纳它吧，并欣赏自己以不同方式为之投入精力的能力。

> **练习：找到你的阻碍并消除它们**
>
> 你是否任由这些想法夺走了你的快乐？它们是如何夺走的？
>
> - 我不能降低标准。
> - 我不应该如此费力。
> - 关注自己的快乐是自私的。
> - 我想为最坏的情况做好准备。
> - 我做不到。
> - 在这样一个有缺陷的社会里，谁还能快乐？
> - 当……的时候我就会快乐。

★ 选择快乐 ★

说到底，是你掌控着由自己的生活经历所构建的奇特的神经网络。你有权决定哪些想法和行为对你有益。当不快乐激素涌动时，你是能够将你的电流导向一个新方向的，这样就能为一种新思维的生长创造空间。一开始，它可能只是一股微弱的电流，但如果你坚持下去，一个新的快乐习惯就会养成。聪明一点儿，选择那个新习惯吧。

> **练习：你的开始日期是什么时候**
>
> - 开始日期：_____。
> - 我将在 45 天里每天重复我选择的思维习惯或行为。无论我感觉像是在公园散步还是在泥泞中跋涉，我都会使出浑身解数。如果我中断了一天，就从第一天重新开始，直到成功坚持 45 天。

第 9 章

依靠那些你一直都有的工具

大脑的回路训练

你的大脑配备了许多构建回路的工具。在遇到困难时,你可以依靠这些内置工具。当你明知自己做得正确,却感觉没那么好时,这些工具会陪着你。以下是对这些开拓性工具的描述,它们将帮助你在新回路稳固之前坚持下去。当你被旧回路的舒适所诱惑时,可以想想如何运用这些工具。

模仿

模仿那些已经拥有你向往的习惯的人。找到一个这样的人,观察他。你的镜像神经元会被激活,从而激发你的回路。

这是克服那些未被激活神经元的惰性的好方法。

模仿他人可能会有些尴尬，但世界上有很多人拥有你所需要的行为习惯。也许他们会很乐意展示给你看。如果他们不乐意，你也可以在不告诉他们的情况下，悄悄地进行模仿。反正他们可能甚至都没有意识到自己的习惯。

你所模仿的人可能同时会有一些坏习惯！这可能会让你感到惊讶。记住，镜像神经元是一种精细的工具：你只需在小的、特定的方面使用它。不要用别人的判断来代替自己的判断，你只是出于自己的原因去模仿你所向往的行为。

平衡

你的大脑需要所有四种快乐激素。你可能在某些方面比其他方面更擅长，而且很容易选择在你已经擅长的领域进行重塑项目，这对你的第一个回路构建项目可能有好处。但之后，你需要给你的大脑提供它所缺少的快乐激素。为此，你可能需要进入未知领域，未知可能意味着风险，不过风险会带来巨大回报。例如：

- 如果你已经是一个"多巴胺型的人"，擅长设定目标并实现它们，那么你可以通过努力激发其他类型的快乐激素来为自己实现更多的目标，做更多的事。

- 如果你已经是一个"催产素型的人",擅长建立社会联系,那么你可以通过在其他领域投入努力来获得更高的回报。

- 如果你是一个"血清素型的人",擅长赢得尊重,那么你可以通过发展其他快乐激素的神经回路来获得成长。

- 如果你大概率是一个"内啡肽型的人",倾向于克服痛苦,那么你可以把注意力放在其他方面,并从新的关注中获益。

当你过度依赖某一种快乐激素时,你并不知道自己缺少什么,因为你将快乐等同于已经拥有的那种快乐激素。所以,试着对每种快乐激素都进行神经回路的构建吧。这并不容易,但你的大脑会感谢你的。

不同类型的平衡

神经化学物质的平衡与所谓的"工作-生活平衡"不同。确实,在工作上花费太多时间可能会导致你忽视其他需求。但如果你在闲暇时间重复激活工作时的神经回路,也无法实现神经化学平衡。如果你像管理工作一样管理家庭,同样无法在闲暇时间感到更快乐。这就像一个素食者试图用一种新蔬菜来平衡饮食,或者一个运动员试图用一项新运动来平衡锻炼。你一直在熟悉的地方寻求奖励,除非你发现新的地方。

好消息是，一点点之前缺失的神经化学物质就能产生很大影响。你不需要做出巨大改变就能感受到显著的效果。你的大脑会奖励你踏上这条从未走过的路。但它不会立即释放新的快乐激素。你必须投入时间来搭建基础设施。

嫁接

你可以在已经建立的快乐回路的基础上嫁接新的"枝条"。当老年人与高中时代的朋友重新联系时，他们就是在旧的根基上嫁接新的回路。重拾儿时的爱好，或者将爱好发展成职业，也是众所周知的嫁接成功案例。在现有的树上添加分支是克服构建全新快乐回路的困难的好方法。

从学术界退休后，我开始担任科学展览会的评委。我喜欢我这棵"老树"上的"新枝丫"。我遇到了我非常敬佩的孩子们，他们也很高兴自己的作品能得到专业人士的关注。我还学会了利用我对色彩的热爱，让困难的事情变得有趣。当制作幻灯片或简报时，我喜欢在颜色上面做些设计。这可能看起来微不足道，但一点点调味品就能为菜肴增色不少。

嫁接也是平衡神经化学物质的好方法。你可以将新的活动嫁接到你喜欢的活动上，来激发对你来说有些欠缺的快乐激素。例如，如果你喜欢摄影，当你寻找并拍摄到一个特定的镜头时，你就在刺激多巴胺的分泌。在此基础上，如果你与他人分享这些照片，就可以刺激催产素的分泌；如果你参加摄影展览，就能刺激血清素的分泌。如果你是一个喜欢派对的人，那么你就已经善于激发催产素了。在此基础上，你可以通过策划派对来激发多巴胺，通过组织筹款活动来激发血清素。在已有的基础上，你更容易构建新的快乐激素回路。

精力

大脑的精力有限。你可以通过运动、睡眠和良好的营养来补充能量，但它仍然是有限的。在培养新习惯初期，新行为会消耗比你预期的更多的精力。如果决定进行一个为期 45 天的重塑项目，你就需要准备好这些能量。如果在完成每日既定目标之前就耗尽了能量，你会很容易找到放弃的借口。所以在 45 天内，即使你不得不搁下其他优先事项，也要把你的新习惯作为能量的首要用途。

确保精力的一个方法是将新习惯安排为早上的第一件事。如果做不到，那就在有些难度的、具有挑战性的新行为之前或之后做一些有趣的事情。如果需要的话，可以在中午重看一集你最喜欢的电视剧。激活新的神经元需要的精力远比你意识到的多，你需要一些计划来提供这种能量。

精神能量跟身体能量很相似。它依赖于葡萄糖，一旦耗尽就需要时间来恢复。倘若精神能量耗尽，人很容易屈服于诱惑。一些专家建议吃糖来增加精神能量。如果在一场改变人生的考试中带一块糖，那的确可以在短时间内提振精神，但将吃糖作为长期策略显然是有缺陷的。嗜糖的习惯会危害你的生存，尽管它能让你暂时产生变强或者精力增加的错觉。你需要有其他方法在 45 天内维持你的精神能量。

传承

任何与你的 DNA 有关的事情都会触发快乐激素。在人类历史的大部分时间里，孩子的到来都是非计划的、不能预判的，并且，如果你活到 40 岁，孙子孙女就会降临。子孙的存活会给你带来满足感，任何能改善他们生存前景的事情都会使你感到高兴。现在情况已经发生了变化，人们正在探索新的传承方式，比如研究祖辈或家谱、延续家族传统。你可能不会有意识地将这些与你的基因联系起来，但当你促进你独特的个体本质的存续时，你的快乐激素就会被激发。哪怕只是给侄子或侄女买比萨，也满足了你内心哺乳动物本能对基因存续的在意。你可能会说基因并不重要，但当事情涉及基因时，你的大脑总会神奇地兴奋起来。

有无数种方法可以满足你的哺乳动物脑对于留下点儿"遗产"的追求。比如，在你的编织兴趣社团发明一种新针法，在你的健身俱乐部设计一种新的健身器材，在街角的商店用你的名字命名一种冰沙。不一定要多符合逻辑，当你的一部分能够延续下去时，它就能神奇地触发快乐激素。

与孩子们在一起，就算他们不是你的孩子，也能满足你对传承的渴望。如果你有自己的孩子，与他们在一起的每一刻都是你创造的"遗产"的一部分，无论这是否明显。我儿子的学校因教师培训而停课时，我就明白了这一点。家长们抱怨所有停课的日子，我承认我也有过那种"我今天应该工作而不是看孩子"的感觉。后来，我学会了把它看作一份礼物：这是一个给我的额外机会，让我能在孩子身上"投资"。如果把它看作一种负担，那我就太傻了。

乐趣

如果能让重复变得有趣，它就更容易被接受。我曾经通过旅行和看电影体验到学习外语的乐趣，而且人类在枕头尚未问世之时，便已开始运用"枕上传习"（法语称 sur l'oreiller）的方式习得语言。

成年人难以建立新回路的原因之一是他们忽视了乐趣的力量。在新行为中找到乐趣，你就能摆脱旧娱乐方式的弊端。当然，有时候我们需要做一些不那么有趣的事情。但是，找到活动中的乐趣有助于你坚持足够长的时间来铺就道路。

乐趣是一种很好的能量管理工具。如果我正在做一件特别困难的事情，我会在中间休息一下，找点儿乐子。我每天晚上都会留出娱乐时间，这样我就能面对第二天的挑战。我从不把我的娱乐时间浪费在那些总是充斥着死亡和肢解画面的电影上，也不会把时间浪费在充满敌意、愤怒的专家身上，尽管其他人觉得他们很有趣。我不会把时间浪费在排队时间长、噪声大、吃完饭后就想睡觉的餐馆里。我对我的兴趣爱好总是精挑细选，因为我深知，精力是我最宝贵的资源。

分块

大脑总是将事物分成小块儿，因为它一次只能处理少量输入。大多数时候人们没有注意到这种分块策略，你可以有意识地将你的挑战分成小块儿，使它们感觉更容易管理。我认识的一个骑行者就通过在心里将山分成四部分来支撑自己登顶。每次他都将注意力集中在下一个 1/4 的位置，等他到了，他就在心里庆祝。客观而言，山的高度并没有改变。但是分块可以欺骗你的大脑，让你感觉好一些，即使你并没有真的被愚弄。

从那个骑行者那里学到这个技巧后，我在自己的"山"——整理车库里乱糟糟的杂物——上尝试了一下。我惊讶地发现它的效果非常好。我和丈夫都害怕这项家务，但又想完成它。某天我建议我们先整理 15 分钟，剩下的改天再做。我以为我们会用数个 15 分钟来完成这个活儿，但我们一旦开始，就不想停下来了。以前，我们站在"山脚"往上看时，根本爬不上这座垃圾"山"，因为"山顶"太高了。但是当我们把目光投向一个容易达到的目标时，就会觉得这次能行，这种良好的感觉激发了下一步，然后是下下一步。总之，积极的期望可以点燃热情之火。

★ 满意即可 ★

我们的大脑善于快速找到令人满意的解决方案。但有时我们事后会后悔，想象着自己本可以、本应该、本来能做某些事情的理想情形——要是当时那样做就好了。使生活得到充分利用、尽量精彩的冲动是人的本能，但如果你总是追求最优，你就永远不会快乐。当我发现自己很难停止这种"优化"心理时，我会提醒自己，1978年的诺贝尔经济学奖不是颁给了一个数学证明吗？那个证明的内容就是"满意即可"优于"追求最优"。赫伯特·西蒙向我们展示了为什么接受一个满意的解决方案要好于陷入无尽的分析。

即使我做得很好，我也总能找到自己的不足之处。当我看到一个可爱的蹒跚学步的孩子时，我会责怪自己让我的孩子们的学步时光溜走了。然后我就提醒自己，完美是不可能实现的，而我正擅长感到满足，因而不必再纠结。

所以，我不再为了寻找可能更好的停车位而放弃眼前一个不错的停车位，而是接受这个停车位并为此感到高兴。如果我要走很长一段路，我会为自己是在走路而不是开车兜圈子而感到高兴。对满意的解决方案感到高兴，可以防止自己在边际收益难抵边际成本的漫长搜索中浪费精力。

提前规划

在你需要某个新回路之前，提前把它建好。在你吃腻旧蔬菜之前尝试新的蔬菜。在你需要别人帮忙之前，先帮别人一个忙。在你退休并长皱纹之前，开发新的爱好特长。也许你现在觉得自己太忙，但等到它们触发了你的快乐激素，你就会庆幸自己这样做了。与其等待快乐激素自己降临，不如计划去"做点儿什么"。

做规划也是缓解不快乐激素的好方法。与其整日忧虑，不如设定只在刷牙的时候忧虑。如果这还不够，就补充设定在使用牙线的时候也可以忧虑。45天后，你会惊喜于这样做的效果。

形象化

如果医生给你开了两周的抗生素来治疗感染，你会想象出成功治愈的情形，即使你当时并不能一下子看到它。如果第一天没有治好，你不会在第二天使用双倍剂量，如果第三天感觉好了,你也不会停止治疗。即使看不到明显的进展,你也能想象得出你的细胞正在生长。如果你能看到新神经回路正在建立的证据就好了,虽然这不太现实,但你可以通过想象正在发育的脑细胞来坚持下去。

一旦你的新回路建立起来,快乐习惯就会变得十分自然,让你真正地不再产生不舒服的感觉。

> **练习:你将如何使用你的工具**
>
> 我将使用这些工具,来让我的新快乐习惯的养成更舒适:
> _____
> _____

> **这些工具能帮你训练大脑**
>
> 模仿:找到拥有你想要的习惯的人并模仿他们。
> 平衡:发展你目前不擅长激发的快乐激素。
> 嫁接:在旧的快乐根基上构建新的快乐回路。
> 精力:为艰难的挑战节省精力。
> 传承:保留你独特的个体本质来取悦内心的哺乳动物本能。
> 乐趣:在新行为中找到乐趣,你就会重复它。
> 分块:将困难的挑战分成较小的部分。

> 满意即可：一个满意的解决方案可能比无休止地追求最优更好。
>
> 提前规划：现在就开始构建回路，以便在你需要时准备好它。
>
> 形象化：想象你的神经回路正在建立，即使你看不见它们。

迎接美好

我们的大脑皮层是从模式中学习的，而我们经常在自己的出错经历中寻找模式。最后，我们可能会变得只专注于出错的地方，而忘了注意正确的地方。

动物不会纠结于自己的错误。小老鼠如果没有得到奶酪，会再试一次，而不会因为自己是个笨蛋而自责。它并不会期望每次都能在第一次尝试中就得到奶酪，而是努力填饱肚子。

蜥蜴也以一种非常简单的决策模式对待生活：看到比自己大的东西时，就跑；看到比自己小的东西时，就努力吃掉它；看到和自己差不多大的东西时，就试图与它交配。这样的决策树会导致很多错误，所以蜥蜴会有很多"悲喜"时刻。但它并不期望一直顺利。它不会因为自己的失败而评判自己，也不会拿自己和其他蜥蜴比较。

人类的大脑善于自我审视。从错误中学习当然有价值，但你分析错误的习惯可能会挤占掉你对美好一面的觉察。你可能会过度专注于世界上的负面事物，以至于看不到正面的东西。

在非洲待了一年后，我学会了留意正面的事情。在那之前，我对抽水马桶习以为常，但我了解到，在人类历史的大部分时间里都没有污水处理系统。当我们拥有它们时，它们并没有让我们感到快乐，但露天污水沟和害虫横行的户外厕所可能会让你不快乐。我学会了欣赏我市市政环卫机构的工作，而不是一味地挑剔和指责它。

我对基础设施的欣赏始于海地，当时有同事邀请我去一个水坝野餐。我问对方："你为什么想去水坝野餐？"在我曾经生活的世界里，水坝被讥讽是景观里的污点。我的同事解释说，这里的电力和饮用水很稀缺，水坝被广泛视为值得庆祝的东西。从那以后，每次用水时，我都会想到把水送到我这里所需要的一切。当我洗一个茶杯时，我会想象我使用的水量与海地妇女头顶上的容器相比如何。我珍视这些系统背后投入的所有心血，而不仅仅是寻找它们的缺陷。

在中国时，我经常去按摩。我惊叹于在地球的另一端，我可以放心地交出信用卡，脱下衣服。达到这种程度的信任堪称一项巨大的成就。在人类历史的大部分时间里，离开村庄是不安全的。陌生人可以随意杀害你，所以人们一生中很少离开自己的村庄。而现在，陌生人在世界各地安全地并肩而行、擦肩而过。事情总会偶尔出点儿问题，但倘若你过度专注于这些问题，你就会错过顺利之处的巨大价值。

在旅行中，我见过很多被害虫和沙子破坏的食物，更不用说被看不见的毒素污染的了。在人类历史的大部分时间里，人们欣然接受了被污染的食物，因为这总比挨饿好。如今人们享用的食物已经达到了非常高的纯净程度。然而，许多人对食品行业大发雷霆，对食品风险恐慌不已，却对他们所拥有的一无所知。

医疗保健也是如此。铺天盖地的有关健康隐患的信息，使得人们很容易更关注医疗保健的缺陷，而忽视其成就。要是没有抗生素，我恐怕活不到今天，所以当得知在我出生前十年抗生素竟然还不存在时，我感到非常惊讶。如果没有现代医疗保健，我们中的大多数人可能早就被某些疾病夺去了生命，但人们却往往对医疗保健大发雷霆，几乎不考虑它的好处。

怒斥世界的缺陷是一种很容易养成的习惯。许多人甚至将其视为一种值得骄傲的技能。他们不知道自己陷入了一个恶性循环，为了保持自我感觉良好而总是专注于灾难场景。其实我们可以有不一样的选择。

期望与一盒巧克力

从一盒巧克力中选择一块有失望的风险。更糟糕的是，你可能会看到别人得到了你想要的巧克力。即使你正在享受巧克力的浓郁美味，你也可能最终感觉不开心。你梦想中的巧克力和让你失望的巧克力之间的差别其实非常小，但你就是很在意这个。

关于什么能让你开心，你的大脑会持有一定的预期，并通过这些预期视角来看待世界。你可能会跳过经历中的其他部分，因为你的大脑会十分专注于以前曾起效过的事物。

我们都通过在青春期建立的视角来看待世界，因为那时的大脑具有高度的可塑性。这个视角必然会不切实际。年轻人大概会想象当他没有作业和就寝时间要求时，他就会无比快乐。而一旦他要面临满足自己需求的挑战，他就会觉得自己并不是宇宙的主人，然后不禁想究竟哪里出了问题。

你可能认为是世界、你的老板、你的伴侣、你的文化或你自己出了问题。你从不责怪那些将现实与你年轻时的期望进行比较的大脑回路，因为这些回路是在你没有意识到的情况下发挥作用的。

我有一个朋友，总是抱怨在餐馆里吃到的食物。当然，菜都是她自己选的，但每次食物端上桌后，她都觉得不满意。她羡慕地看着别人点的菜。和她在一起吃饭时，我都觉得无法享受自己的饭菜，所以我不再和这个人一起吃饭了。

我经常听到学生抱怨选课困难。但我也会听到他们抱怨因为某门课程是必修课，他们没有选择的余地。当他们有选择时，他们不珍惜；当他们失去选择权时，他们又哀叹。

如果你生活在过去，你就不能自由选择你的职业、信仰，甚至你的伴侣。你会受到群体期望的限制。你会想象，如果能在伴侣、工作和生活的其他方面有的选，你就会有永恒的幸福。然而，当你有了这些方面的选择时，它们并没有让你快乐。你的大脑不断搜寻着更多的障碍，并专注于克服这些障碍。它也只是在完成与生俱来的使命而已。

不快乐常常被人们归咎于"错误的选择"。这样的想法也意味着个体认为"正确的选择"是存在的。事实远比这复杂。每个选择都有优点和缺点。一旦你做出某个选择，你就会近距离看到这个选择的缺点，然后很容易想象如果做出另一个选择，一切就会很美好。但如果可以重新选择，很可能你会被另一个"错误的选择"所困扰。如果你不养成看到自己所做选择的好处的习惯，你可能会一辈子都在为自己的选择而叹息。即使是一个"好的选择"，也只能让你快乐一小会儿，因为快乐激素只是短暂地出现。所以，当我们努力做出"好的选择"时，我们首先要做的选择是管理我们自己的快乐激素。

如果你决定要快乐，你的大脑会找到让你快乐的事情。你仍然会有挫折和失望，但无论如何，你总会找到让自己快乐的方法。如果你的快乐回路没有自行激发，你也会找到健康的方法来启动它们。

你现在就可以这样做。

没有人阻止你。

没有人可以替你做。

你也不能替别人做。

你的快乐激素不会一直激增,不过你也不需要每时每刻都有"巅峰"体验。你可以接受快乐激素水平不可避免的下降,而不是认为出了什么问题。你不必用不健康的习惯来掩盖这些下降。你可以把它们当作你的内在哺乳动物本能以它所知道的最好方式照顾你的证据。

要管理好我们从祖先那里继承下来的这个大脑并不容易。这是生命这份礼物所附带的挑战。

推荐阅读

以下是一些关于哺乳动物脑的非常通俗易懂的阅读资源。我精心挑选出了最具吸引力的作品,并给每本书颁发一个独特的"最佳……类别"奖项,以突显我推荐它的理由。

最佳入门

《生命》(*Life*,纪录片系列)

大卫·爱登堡爵士(Sir David Attenborough,制片人),奥普拉·温弗瑞(Oprah Winfrey,旁白)

这部英国广播公司(BBC)纪录片以令人着迷的影像展现了自然界中促进生存的行为。爱登堡以他一贯的坦率和清晰解说这些行为,奥普拉·温弗瑞为美国版(探索频道)担任旁白。画面在美感和细节上都令人惊叹,而关于这些画面是如何被捕捉到的故事让整部作品更加引人入胜。我对这个系列非常痴迷,以至于我找遍了爱登堡的所有纪录片,得以近距离地观察哺乳动物、爬行动物、鸟类、昆虫甚至植物的生存行为。最终我意识到，爱登堡并不只是出镜主持人，还是自20世纪50年代以来推动野生动物拍摄技术发展的先驱。他的自传（*Life on Air*）谦逊地记录了将生命真相带入我们的客厅所需的毅力。他完全配得上被授予的爵士头衔！

最佳欲罢不能读物

《灵长类动物回忆录：一位神经科学家与狒狒共处的非传统生活》（*A Primate's Memoir: A Neuroscientist's Unconventional Life among the Baboons*）

罗伯特·萨波尔斯基（Robert Sapolsky）

萨波尔斯基是斯坦福大学的教授，通过在非洲麻醉狒狒来采集神经化学物质样本进行研究。他将行为观察与神经化学数据仔细联系起来，以此赢得了科学界的尊重，但这本书讲述的是他科研工作背后的个人故事。他生动地描绘了肯尼亚大草原上马赛村落和持枪野生动物管理员的日常，并巧妙地将学术界的社交动态与狒狒的群体行为进行类比。

萨波尔斯基对性激素的研究可参阅他的《动物本能》（*Monkeyluv*）和《睾酮的烦恼》（*The Trouble with Testosterone*），但他的主要贡献集中在不快乐化学物质上，也就是压力。萨波尔斯基致力于寻找压力与疾病之间的联系，他的畅销书《为什么斑马不得溃疡》(Why Zebras Don't Get Ulcers)报告了这些发现。作为布鲁克林的同乡，我完全理解他对压力的兴趣。但我也想了解快乐化学物质，所以继续阅读。

最佳对我们如何融合意识与自动化思维的叙述

《如何做出正确决定》(How We Decide)

乔纳·莱勒 (Jonah Lehrer)

这本书展示了我们在决策过程中如何整合言语和非言语思维系统。莱勒汇集了最新的研究来解释为什么最优的决策往往高度依赖于非言语思维过程。善于让意识和潜意识相互沟通的人能做出更优的决策。作者用日常生活中的例子阐释这一技能，从他选择早餐麦片的困难到飞行员在紧急迫降时的决定。（不要在坐飞机时阅读这本书！）同作者的另一本精彩著作《普鲁斯特是个神经学家》(Proust Was a Neuroscientist)则展示了艺术家对感官体验的描述如何正确地预见了科学后来对我们如何解码感官输入的理解。

最佳灵长类动物社交焦虑导论

《黑猩猩的政治》(Chimpanzee Politics: Power and Sex among Apes)

弗朗斯·德瓦尔 (Franz de Waal)

如果你难以想象黑猩猩如何谋划和争夺地位,这本书就是为你而写的。德瓦尔花了两年时间观察一个大型圈养黑猩猩群体,并以肥皂剧般的细节记录了它们的日常生活。他描述了危险的恋情、联盟的建立,以及黑猩猩为提升地位而不断进行的社交算计。他关于黑猩猩社会的故事将让你联想到现实中的人际关系,你会开始理解大脑如何在没有语言的情况下建立复杂的社会关系。25周年纪念版还配有精美照片。

最佳情绪"过山车"解密

《我、哺乳动物:为什么你的大脑将地位与幸福联系起来》(I, Mammal: Why Your Brain Links Status and Happiness)

洛蕾塔·格拉齐亚诺·布罗伊宁 (Loretta Graziano Breuning)

大多数人说他们不在乎地位,但你在社会地位上微小的升降会引发惊人强烈的情绪反应。这本书解释了个中缘由，它展示了哺乳动物脑如何在获得一点点竞争优势时释放血清素带来愉悦感，失去一点点优势时则用皮质醇发出警报。做哺乳动物不容易，但在对动物地位竞争的幽默描述之后，书中提供了一系列帮你与内心的地位追求者和解的练习。

最佳猴类权谋实录

《马基雅维利式智力：猕猴和人类如何征服世界》（*Machiavellian Intelligence: How Rhesus Macaques and Humans Have Conquered the World*）

达里奥·马埃斯特里皮埃里（Dario Maestripieri）

根据这位来自帕尔马实验室、发现镜像神经元的意大利神经生物学家的说法，猕猴具有马基雅维利式的智力。如果将智力定义为在新环境中生存的能力，那么猕猴的智力仅次于人类。猕猴与人类一样，可以在任何环境中繁衍生息，甚至在亚洲的城市中心和热带雨林的废弃寺庙中。它们的社交技能是它们适应不同环境能力的关键。这并不意味着它们会手拉手唱《欢聚一堂》（Kumbaya）。本书未加粉饰地展现了猕猴择友、择偶、育幼与培养孩子独立性的生存智慧，结合实地观察的生动故事与严谨科学，令人爱不释手。

最佳对基于疾病的大脑观的挑战

《流行病剖析：灵丹妙药、精神药物与美国精神疾病的惊人增长》（*Anatomy of an Epidemic: Magic Bullets, Psychiatric Drugs, and the Astonishing Rise of Mental Illness in America*）

罗伯特·惠特克（Robert Whitaker）

精神药理学的局限性常常引发激烈的争论，但这本书并非简单的反药物宣言。它理性探讨行为医学的诱惑，清晰勾勒药物的局限与代价，并探索替代疗法的可能性。

最佳人类大脑学习入门指南

《心智探奇》（*How the Mind Works*）

史蒂芬·平克（Steven Pinker）

平克用通俗的日常语言解释神经科学的发现，并巧妙地引用流行文化作为参照。他跟随证据的指引而不随波逐流。他强调我们的生理禀赋使我们远不止是文化训练的产物。更多人类思维的进化基础可参阅其佳作《白板》（*The Blank Slate: The Modern Denial of Human Nature*）。

最佳实地研究

《狒狒的形而上学：社会心智的进化》（Baboon Metaphysics: The Evolution of a Social Mind）

多萝西·L. 切尼（Dorothy L. Cheney）和罗伯特·M. 塞法特（Robert M. Seyfarth）

达尔文 20 多岁时在他的笔记本中写道："理解狒狒的人比洛克对形而上学的贡献更大。"切尼和塞法特接续了达尔文的挑战，对野生狒狒进行了简单的实验。例如，他们记录狒狒的各种叫声并回放，以分析其他狒狒的反应。他们的发现揭示了社会行为与生殖成功之间的联系。狒狒不断对交配和养育孩子做出复杂的社会判断。作为社会性动物并不意味着总是保持"友好"，这本书展示了狒狒如何决定青睐谁以及何时青睐。作者早期关于长尾猴的作品《猴子如何看待世界》（How Monkeys See the World）也同样精彩地揭示了灵长类大脑的生存策略。

最佳消极思维解药

《超越愤世嫉俗：战胜你的哺乳动物消极性》（Beyond Cynical: Transcend Your Mammalian Negativity）

洛蕾塔·格拉齐亚诺·布罗伊宁（Loretta Graziano Breuning）

愤世嫉俗之所以流行，是因为它让人感觉很好。它让你感觉比别人优越（血清素），帮你建立社会联结（催产素），并帮你重新定义奖励，使其看起来更容易获得（多巴胺）。但你必须持续关注消极面才能享受愤世嫉俗带来的良好感觉。这本书提供了打破这个恶性循环的方法，引导你在现实世界中重塑快乐机制，而非等待想象中的理想国。

最佳人类边缘系统导论

《情绪脑：神秘的心智基石》(*The Emotional Brain: The Mysterious Underpinnings of Who We Are*)

约瑟夫·勒杜（Joseph LeDoux）

本书清晰解析了人类继承自早期哺乳动物的脑系统，尤其是杏仁核。它帮助我们将身体部位与主观感知联系起来，从而注意到我们用神经化学物质而不是语言进行的心理活动。这本书侧重负面情绪（如恐惧）以及疾病，而不是正常状态。但它仍然是理解哺乳动物脑机制的绝佳入门读物。勒杜的另一部伟大作品《突触自我：我们的大脑如何塑造我们》(*Synaptic Self: How Our Brains Become Who We Are*) 是对我们如何存储旧经验并利用它们处理新经验的精彩解释。

最佳幸福感研究汇编

《幸福的科学：大脑如何创造快乐以及我们如何更快乐》(The Science of Happiness: How Our Brains Make Us Happy-and What We Can Do to Get Happier)

斯特凡·克莱因（Stefan Klein）

克莱因以极易理解的风格介绍了广泛的幸福感研究。这本书虽未提出统一理论，却能有效拓展读者对快乐化学物质的认知。

最佳非语言思维概念化

《我们为什么不说话》(Animals in Translation)

坦普尔·葛兰汀（Temple Grandin）

作者是一位孤独症患者，她在畜牧管理方面担任顾问。她相信孤独症帮助她理解动物的思维。她解释说动物看到的细节比人类多。人类一旦在细节中找到抽象模式，就学会忽略细节。葛兰汀避免将人类理想投射到动物世界，她的见解基于她一生与农场动物的直接接触以及动物科学博士学位。她对动物思维的描述帮助我们理解，在主导我们注意力的语言抽象化模式之下，我们的大脑对世界的反应。

最佳幸福家庭和群体洞察

《领地法则：对财产和国家的动物起源的个人探究》(The Territorial Imperative: A Personal Inquiry into the Animal Origins of Property and Nations)

罗伯特·阿德里（Robert Ardrey）

长臂猿是灵长类中最"一夫一妻"的物种，本书揭示它们维系关系的秘诀：夫妻联手对抗邻居，守卫养育后代所需的果树。这本书精彩地描述了动物广泛的社会支配行为。这些模式我们非常熟悉，阿德里清晰展现其源自自然选择而非主观意图，读后你会理解人类对"自家小天地"的执着从何而来。

最佳神经化学入门

《情绪分子：心身医学背后的科学》(Molecules of Emotion: The Science Behind Mind-Body Medicine)

坎达丝·珀特（Candace Pert）

这本科学回忆录完美融合了神经科学和研究者的个人故事。坎达丝·珀特是化学物质引发情绪这一观点的早期倡者。她是发现大脑中阿片受体的核心人物,为理解人体自产阿片类物质奠定基础。

最佳哺乳动物社会支配洞察

《西泽之道:理解和纠正常见犬类问题的自然指南》(Cesar's Way: The Natural, Everyday Guide to Understanding and Correcting Common Dog Problems)

西泽·米兰(Cesar Millan)

这不仅仅是一本"驯犬书"。它用大众熟悉的犬类行为解释了哺乳动物脑的运作方式。我们都见过狗争夺支配地位。米兰意识到,当地位等级不明确时,狗会变得激动。它们会不断试图确立支配地位,直到被支配。当等级关系确立时,它们会更平静。这本书讲述了米兰如何发现这一点的迷人故事。他在墨西哥的一个农场长大,那里有工作犬。他看到它们不像邻居的狗那样好斗,因为他的祖父领导着它们。他搬到好莱坞之前从未见过"宠物"。在好莱坞,他遇到了极度神经质的宠物,它们被宠爱着,却无法停止争夺支配地位。他的生活经历构成了一个很棒的故事,也为我们理解哺乳动物脑做出了很大贡献。

最佳儿童发展著作

《教养大震撼》(NurtureShock: New Thinking about Children)

波·布朗森(Po Bronson)和阿什利·梅里曼(Ashley Merryman)

布朗森中年得子,期望孩子会顺从自己的"善意掌控",却发现儿童通过行为而非说教学习。这促使他研究神经科学并重新审视他长期以来关于"我们的社会"应该如何"管理我们的孩子"的假设。他探索了孩子的思维如何从直接的人际经验中学习,而不是从关于世界应该如何运作的说教理论中学习。当你了解镜像神经元(这本书没有直接涉及)时,对这一点就能很好地理解了。

布朗森面对了自己的错觉,即不断表扬可以帮助孩子取得成功。他意识到,对平庸努力的过度赞扬传达了错误的信息。孩子们善于观察什么得到奖励,什么没有。如果平庸的努力得到大肆赞扬,孩子们就不会建立起对自己的能力的信任。布朗森努力克制自己对孩子大肆赞扬的冲动。他对此的诚实使这本书幽默且引人入胜。有趣的是,布朗森没有意识到自己对孩子未来地位的关注——熟悉哺乳动物社会支配的读者会清楚地看到这一点。

最佳自然地位渴望社会史

《身份的焦虑》(Status Anxiety)

阿兰·德波顿（Alain de Botton）

这本书探讨了人类为何受困于身份焦虑及其应对之道。人类对他人好评的关注已经被哲学家们剖析了数千年。阿兰·德波顿是一位英国哲学家，他的风格幽默且没有苦涩感。他讲述了一段引人入胜的波希米亚人历史，他们公然拒绝中产阶层价值观，这往往掩盖了他们私下里对金钱、名声和争强好胜的隐秘追求。他探讨了我们常常因所拥有的不足而怨天尤人的倾向。这本书充满了历史案例，如为"荣誉"而决斗，展示了身份焦虑贯穿人类文明。

德波顿还写了许多其他探讨幸福的著作，这些著作富有哲理且不乏味。他的作品尤其适合爱文史多于科学的读者。

最佳经典之作

《社会生物学》(Sociobiology)

爱德华·O. 威尔逊（Edward O. Wilson）

这本开创性著作虽属于教科书却极具可读性，带读者纵览各类动物社会行为,清晰揭示每种行为的生存价值。书中众多模式会让你想起现实人际关系。

最佳怀旧经典

《伊甸园的飞龙》(The Dragons of Eden: Speculations on the Evolution of Human Intelligence)

卡尔·萨根(Carl Sagan)

这本书获得了1978年的普利策奖,原因很容易看出。萨根著名的推测和普及技能在这里应用于遥远的过去,而不是遥远的星系。书名指的是早期人类可能继承的爬行动物的恐惧。幸运的是,这本书也推测了我们祖先的积极情绪。萨根关于人类认知的猜想在几十年后的神经科学中得到了很大程度的证实。而且他敢于保持乐观,他说:"如果这是我们的来处,我们已经走了很远。"

最佳人类进步图鉴

《美好的旧时光:它们糟透了!》(The Good Old Days: They Were Terrible!)

奥托·L. 贝特曼(Otto L. Bettmann)

历史漫画插图被用来展现往昔生活的阴暗面。作者是一位杰出的历史学家,也是纽约公共图书馆图片档案馆的创办人。他用幽默的方式描述了过去日常生活的不安全感和艰辛。这本书打破了"今不如昔"的普遍迷思。

最佳"大脑硬接线"解析

《一万小时天才理论》(The Talent Code: Greatness Isn't Born, It's Grown)

丹尼尔·科伊尔(Daniel Coyle)

作者着手解释为什么一个领域中的许多顶尖人才往往来自一个训练中心。科伊尔调查这些"人才温床",以了解这些训练者做对了什么。他发现的答案基于大脑功能的一个鲜为人知的方面:神经元的髓鞘化。重复训练构建髓鞘提升神经效率。当我们重复困难技能足够多时,大量神经元就会髓鞘化,伟大的才能就会发展。由于早期的重复经历,我们都有很多髓鞘化的神经通路。但当我们有意识地努力构建这样的通路时,往往会感到沮丧。科伊尔的研究揭示了最能促进髓鞘化从而促进新技能发展的独特重复方式。

最佳对未来的希望

《不变的心智:青春期不成熟问题》(*An Unchanged Mind: The Problem of Immaturity in Adolescence*)

约翰·麦金农(John McKinnon)

成熟不会随着时间自动到来,必须通过学习获得。我们生来无助,需要别人来满足我们的需求。我们被别人会满足我们需求的期望所安抚,并通过引起他人对我们需求的关注来学习生存。然而,我们都必须逐渐学会满足自己的需求。如果这种转变没有发生呢?如果一个人期望别人永远满足他或她的需求呢?他们可能没有有意识地期望这一点,但他们生活中的奖励结构可能已经使他们养成了这种习惯,由此产生的不成熟行为在现代世界中被贴上了"疾病"的标签。这不是一种疾病——这是一个可以通过学习解决的"成熟缺口"。如果你过去没有学会产生现实的期望和自我照顾,你现在可以学习。麦金农还写了一本续集来提供帮助——《改变心智:促进青少年成熟的养育之道》(*To Change a Mind: Parenting to Promote Maturity in Teenagers*)。

心理学大师经典作品

红书
原著：[瑞士] 荣格

寻找内在的自我：马斯洛谈幸福
作者：[美] 亚伯拉罕·马斯洛

抑郁症（原书第2版）
作者：[美] 阿伦·贝克

理性生活指南（原书第3版）
作者：[美] 阿尔伯特·埃利斯 罗伯特·A. 哈伯

当尼采哭泣
作者：[美] 欧文·D. 亚隆

多舛的生命：
正念疗愈帮你抚平压力、疼痛和创伤（原书第2版）
作者：[美] 乔恩·卡巴金

身体从未忘记：
心理创伤疗愈中的大脑、心智和身体
作者：[美] 巴塞尔·范德考克

部分心理学（原书第2版）
作者：[美] 理查德·C. 施瓦茨 玛莎·斯威齐

风格感觉：21世纪写作指南
作者：[美] 史蒂芬·平克